# ESSAIS
# D'APPRÉCIATIONS
## HISTORIQUES,

OU

EXAMEN DE QUELQUES POINTS DE PHILOLOGIE, DE GÉOGRAPHIE,
D'ARCHÉOLOGIE ET D'HISTOIRE;

PAR

**JULES BERGER DE XIVREY,**

Docteur en Philosophie; Membre du Conseil de la Société de l'Histoire de France;
des Académies Royales de Rouen, Toulouse et Tubingue; de la Société Royale de
Nancy; de la Société Latine d'Iéna, de celle des Antiquaires de Normandie, etc.

TOME PREMIER.

PHILOLOGIE.—GÉOGRAPHIE.

PARIS.

DESFORGES, LIBRAIRE-ÉDITEUR,

RUE DU PONT-DE-LODI, N° 8.

MDCCCXXXVII.

Z. 2217
+K/f.1

20387

# APPRÉCIATIONS

## HISTORIQUES.

A MONSIEUR JEAN FRANÇOIS BOISSONADE,

MEMBRE DE L'INSTITUT ROYAL DE FRANCE
(ACADÉMIE DES INSCRIPTIONS ET BELLES-LETTRES),
CHEVALIER DE LA LÉGION-D'HONNEUR,
PROFESSEUR DE LITTÉRATURE GRECQUE AU COLLÉGE DE FRANCE
ET A LA FACULTÉ DE PARIS ;


AU CÉLÈBRE HELLÉNISTE,

DONT L'EUROPE ADMIRE L'ÉRUDITION FÉCONDE
ET IRRÉPROCHABLE ;


AU CRITIQUE ACHEVÉ,

QUI A PORTÉ LA LUMIÈRE SUR LES DIVERS POINTS
DES LETTRES CLASSIQUES ;


AU MAITRE HABILE,

DONT LE DOCTE ENSEIGNEMENT DIRIGE LA JEUNESSE
DANS LES FORTES ÉTUDES :


HOMMAGE D'UN ADMIRATEUR SINCÈRE,
D'UN DISCIPLE RECONNAISSANT.

# PRÉAMBULE.

PRESIDENT ETC.

# PRÉAMBULE.

Plusieurs articles que nous avions publiés dans des recueils littéraires et dans différents journaux étaient le développement d'idées suivies sur l'histoire ; et sur la philologie, la géographie et l'archéologie considérées comme ses éléments principaux.

Contribuer à ramener à une plus juste appréciation des choses et des temps, tel était notre but. Nos moyens consistaient dans les observations, résultat de nos études, et dans la réfutation des systèmes qui nous paraissaient fausser les opinions et les jugements.

La même conviction qui nous avait fait émettre d'abord séparément ces idées de critique nous engagea à les revoir avec soin avant de former un livre de leur réunion. Ce second travail ne nous a pas pris moins de temps que le premier; car ce ne sont point des *mélanges* que nous présentons aujourd'hui au public : cette prétention nous semblerait déplacée. Quoique ayant toujours borné notre faible part dans la presse périodique aux sujets qui sont l'objet de nos études spéciales, il s'en faut bien que nous réunissions dans ce volume tous les matériaux que nous avons fournis à ce puissant organe de la publicité. Mais, comme ceux que nous avons choisis sont l'expression continue, quoique diversement appliquée, de principes qui ne nous paraissent pas sans importance, nous avons jugé utile d'en former un faisceau où, indépendamment de nombreuses modifications, nous avons ajouté bien des parties nouvelles, pour composer cet ouvrage tel que nous l'entendions.

Notre plan est simple : les trois premières parties, où nous examinons des points relatifs aux trois principaux éléments de l'histoire, de même que la partie consacrée spécialement à cette science, commencent chacune par un article où nous développons davantage notre théorie sur la division qui va suivre; les autres articles contiennent le développement par différentes applications.

Sans doute les études historiques sont aujourd'hui l'objet de beaucoup d'importants et consciencieux travaux. On se tromperait cependant si l'on croyait qu'ils sont arrivés à la popularité parce qu'ils obtiennent cet assentiment d'estime que le public accorde au nom de leurs auteurs.

Au goût superficiel d'une instruction amusante et facile se joint aujourd'hui, par une bizarre contradiction, la prétention à la profondeur. Il en résulte que des abstractions à perte de vue et de brillants ouvrages d'imagination, les uns et les autres dépourvus de la base solide de la science, jouissent d'une vogue qui fausse les idées sur l'histoire. Les auteurs de ces ouvrages rejettent la méthode du renvoi aux sources, comme le luxe inutile d'une érudition pédantesque. Quelques-uns ont peut-être la raison du renard de la fable pour dédaigner cette méthode. Mais que résulte-t-il de la leur? c'est que dans ces romans prétendus historiques, et dans cette prétendue philosophie de l'histoire, le lecteur qui se flatte de lire autre chose qu'un roman, ou d'ingénieuses mais vagues théories, retiendra probablement de préférence ce qui appartient à l'imagination de l'auteur; car ces endroits-là seront les plus animés et les plus colorés de son livre. Plus son style sera séduisant, plus son *école historique* sera nombreuse. De là tant d'étranges raisonnements par le monde; tant de personnes qui n'ont lu l'histoire que dans quelque célèbre romancier se portent garant de la fidélité historique de ses tableaux. Parce que le jeu des passions, le naturel des caractères, choses dont ils peuvent juger avec les lumières du bon sens, leur paraissent excellents, ils en concluent que le costume des temps anciens n'y est pas moins bien représenté. Ils ne songent pas que l'écrivain observateur a toujours l'homme pour modèle vivant quand il veut peindre le cœur humain et toutes ses nuances, mais que les sociétés passées sont l'objet de longues études, que rien ne peut suppléer. Or il faut les avoir faites, ces études, pour dire si le tableau est ressemblant.

A quelles sources doit recourir celui qui veut s'instruire réellement sans pourtant devenir un savant de profession? c'est ce que nous cherchons à définir dans ces *Appréciations historiques*. Un petit nombre de livres et de travaux divers, dont nous donnons l'analyse, nous ont paru le meilleur cadre au développement de nos principes. Ces ouvrages méritent d'ailleurs d'être recommandés d'une façon particulière à l'attention du monde savant.

Les hommes studieux d'Allemagne, d'Italie, d'Angleterre, de France, qui, aidés du triple flambeau de la philologie, de la géographie et de l'archéologie, explorent avec succès l'histoire, dans la voie où nous marchons à leur suite, encourageront ces efforts pour populariser et faire bien comprendre leurs études.

# I.

# PHILOLOGIE.

SUR LA DIRECTION ACTUELLE

# DE LA CRITIQUE.

Ce me semble une question de savoir si nous devons être fiers de cette grande clarté qui est un besoin pour nous dans les œuvres littéraires. Ne pourrait-on la considérer comme l'indice d'un esprit moins subtil, d'une vue moins pénétrante que chez les peuples dont la pensée aime à s'entourer de quelque obscurité, attrait sans cesse offert à l'activité et à la pénétration du lecteur? Je m'imagine qu'à leurs habitudes intellectuelles notre constante précision doit paraître d'une ennuyeuse monotonie : accoutumés à trouver dans la lecture un exercice, ils doivent s'arranger mal de n'y recevoir qu'un enseignement.

Mais, si la précision est quelque part d'une

utilité incontestable, c'est certainement dans la critique. Il est vrai que, pour la traiter ainsi, il faut une connaissance réelle de l'objet dont on parle. On ne peut se le dissimuler, la grande extension de la presse quotidienne a multiplié d'une manière exagérée le nombre des aristarques. Sans doute, l'exercice journalier de cette espèce de judicature aiguise l'esprit de ceux qui l'exercent, et les rend plus aptes à apercevoir dans un ouvrage le fort et le faible. Toutefois cette appréciation, dans tous les ouvrages de science, d'éducation, d'études longues et difficiles, ne peut être faite avec justice que par une personne elle-même habituée à l'étude, elle-même versée dans les matières sur lesquelles elle veut porter un jugement. Malheureusement, pour réussir dans les jugements littéraires, on n'étudie guère qu'une chose, un jargon en vogue, au moyen duquel on sait en imposer au commun des lecteurs, par l'affectation de certains principes généraux fort obscurs, que l'on donne comme irrévocablement admis dans un certain cercle de génies supérieurs, et au nom desquels on somme le benin public de se soumettre. Ainsi nous renonçons à cette précision, qui est notre principal mérite, justement là où elle serait le plus nécessaire.

Il n'est pas d'ouvrage si savant, si irréprochable dans le choix et l'emploi de ses matériaux, qui puisse tenir contre ce jargon présomptueux : « L'auteur n'a pas vu les hauteurs » de son sujet; il n'en a pas dominé l'ensemble. » Ce sujet présentait telle grande pensée ; c'é- » tait là tout son côté vital et philosophique. » Quelles conséquences remarquables on en » pouvait tirer! quelle fécondité d'aperçus il » offrait! L'auteur ne s'en est pas douté. Il nous » a donné de méprisables faits, au lieu d'une » œuvre de haute portée, etc.... »

A l'inverse, l'ouvrage le moins solide, le plus prétentieux, le plus faux, peut devenir, grâce au ton magistral de cette critique nébuleuse, l'œuvre d'un génie supérieur. Elle n'a pas de peine à y montrer quelque prétendue pensée qui domine tout le livre. Pour aider un peu une telle critique dans sa bonne volonté, il suffit d'un paradoxe. Par exemple, conspuez les faits dans l'histoire; définissez une époque par un mot; dites d'un personnage marquant que c'est la personnification de telle idée; bâclez ainsi en trois mots l'histoire de trois règnes : la critique *absolue* pourra faire de vous un homme de génie. Ce sera beaucoup plus difficile si vous êtes raisonnable.

Singulier sujet d'observation pour les littérateurs à venir que cet emploi de jugements absolus dont les pédantesques et obscures formules paraîtront peut-être alors une sorte d'argot assez monotone et assez facile à apprendre ! Mais aujourd'hui les dupes qu'il fait sont nombreuses. Dans un temps où on parle tant de liberté, où l'on s'en montre si jaloux, nous portons l'abnégation la plus inconséquente dans ce qui nous appartient le plus intimement, dans ce qu'il ne dépend pas même des tyrans d'entraver, dans nos opinions. Nous les livrons à une sorte d'esclavage, en accueillant avec une véritable soumission des systèmes d'idées (ou de mots sonores) tous disposés pour nous être imposés impérativement, au lieu de ces discussions solides, pleines d'observations tirées des faits et escortées, dans un bel ordre, de ces faits dont elles s'appuient. Une manœuvre assez insolente affecte du dédain pour quiconque n'est pas à la hauteur de ces sublimités. L'emploi d'un tel moyen n'indique pas une grande estime pour les lecteurs; mais ceux-ci justifient le moyen par la manière dont leur vanité y répond. Ils ne voient pas, dans cette prétention dogmatique, la véritable injure faite à leur intelligence; et, pour ne pas paraître des esprits bornés, ils renoncent au libre exercice de leur bon sens.

D'autre part, l'amour-propre est si crédule, que souvent il finit par persuader à ceux dont le ton d'oracle exploite ainsi la vanité du lecteur ébahi, qu'ils sont vraiment doués de vues sublimes, bien supérieures à la science. Ainsi ils s'abusent en abusant les autres. Leur grande étendue de vues est ce qu'il y a de plus rétréci. Ils professent un souverain mépris pour tout ce qui leur est inconnu, et finissent par se considérer comme un centre de lumière, dont le degré de proximité assigne aux objets leur éclat respectif. A chaque sujet auquel ils appliquent résolument ce principe, les juges compétents haussent les épaules, pendant que le gros public s'incline en se rengorgeant comme à son ordinaire.

Si l'abus que je signale est trop commun, il n'est pourtant pas universel. Sans doute, la véritable critique se retrouve encore. On pourrait citer en première ligne tel recueil littéraire qui n'a pas cessé d'offrir aux ouvrages de talent et d'érudition, d'observations longues et laborieuses, une critique savante qui n'est pas indigne de les juger en dernier ressort. J'ai nommé le plus ancien et le plus estimé de tous nos journaux littéraires, celui dont la réputation, solidement établie, se soutient toujours depuis plus de deux siècles, sans ambitionner une vogue éphémère, le *Journal des Savants*, qui n'a pas cessé d'être rédigé par les maîtres de l'érudition, dont la rédaction s'est même encore perfectionnée de nos jours. Là on voit les œuvres jugées par elles-mêmes, et non par je ne sais quels principes absolus de l'application la plus contestable, quelquefois simple résultat d'une boutade, qui, en traversant la tête du critique, l'a mené bien loin de son sujet.

C'est surtout dans l'éloge que la critique aujourd'hui porte souvent à faux, au point de faire perdre presque toute considération à ses jugements. On a depuis long-temps remarqué que les hommes sont plus agréablement chatouillés par les louanges qu'ils ne méritent pas que par celles qu'ils méritent. Canova, dit-on, restait insensible à l'admiration qu'on exprimait pour les œuvres de son ciseau; sans doute la conscience de sa supériorité en ce genre lui suffisait; mais pour ses tableaux, ouvrages médiocres, il mendiait, en quelque sorte, les suffrages, et était heureux de les obtenir; sa vanité en avait besoin pour faire illusion à sa conscience d'artiste. Eh bien! un auteur aujourd'hui semble presque toujours mettre dans cette confidence de son amour-propre le critiqu cami qui entreprend de le juger; et c'est merveille comme ce dernier le seconde, va même bien au-delà de ce qu'on lui demandait, et, sans s'inquiéter de ce que penseront les juges compétents, délivre un pompeux diplôme, valable aux yeux de la foule, et dont son compère sait très-bien se servir pour arriver ainsi, par le contrepied de la vérité, à la gloire du jour, quelquefois aux dignités et à la fortune.

« Toute prétention, dit Vauvenargues, est une usurpation. » Que d'usurpateurs, bon Dieu! C'est surtout le domaine assez retiré de l'érudition qui est en proie à leurs excursions hardies. Il n'y a pas de roman historique, pas d'ambitieux tableaux d'une époque, défigurée par les plus creux systèmes, qui ne vaille à son auteur un brevet de bénédictin, rien que cela. De cette officieuse disposition de la critique à servir les camarades et amis, non selon leur mérite, mais selon leur ambition la moins légitime, il résulte que l'on reconnaît de l'érudition à presque tout le monde, justement parce que presque personne n'en a. J'ai observé plus d'une fois de singuliers contrastes entre de semblables réputations et l'examen des titres sur lesquels elles s'échafaudaient : dans ces ouvrages, où, disait-on, était secouée la poussière des chartriers, où les plus anciens cartulaires, les chartres les plus difficiles, tous les matériaux les plus solides de l'histoire avaient dû être péniblement mis en œuvre, voilà qu'à l'ouverture du livre une, deux, trois erreurs grossières venaient montrer de quel bon aloi était cette appréciation.

Mais, lorsqu'un auteur offre, par hasard, à l'engoûment de la critique une érudition réelle, un talent fort et original, la disposition au contre-sens de l'éloge trouve encore quelquefois à s'exercer. Je prendrai un illustre exemple,

M. Augustin Thierry. Les adversaires mêmes de ses théories lui reconnaissent tous les mérites du grand historien. C'est bien ici que les éloges ont le champ libre, et l'on comprend difficilement quelle prise peut rester aux exagérations de l'engouement. Mais l'habitude du paradoxe rend inventif. Par malheur pour M. Thierry et pour les admirateurs de son beau talent, sa vue est dans un état déplorable, et l'on sait qu'aujourd'hui il est presque aveugle. J'ignore qui a eu le premier l'idée, à ce propos, de faire du docte et éloquent historien un martyr de la science; mais certainement lui-même n'a nullement autorisé cette erreur. Il cite peu de ces pièces originales qu'il lui aurait fallu péniblement déchiffrer; et il savait trop bien faire usage des importantes collections historiques dues à ses savants devanciers pour ne pas voir, dans ces matériaux si commodément préparés, un trésor de faits à exploiter d'abord, avant de passer à la recherche incertaine des pièces manuscrites. Aussi M. Thierry allègue-t-il principalement des ouvrages comme la grande collection des ordonnances des rois de France, celle des historiens de la France; magnifiques in-folio dont les beaux caractères semblent destinés à conserver la vue plutôt qu'à la détruire. Mais peut-être l'ami impétueux qui lui fit le premier un mérite scientifique de sa cécité n'avait-il pas pris garde à ces indications des sources dans ses ouvrages. Depuis lors c'est devenu un axiome inébranlable, que M. Thierry a perdu les yeux en déchiffrant de vieux parchemins. Feu l'abbé de l'Espine, l'homme de France le plus habile dans la diplomatique, et, en général, dans toutes les difficultés de la paléographie latine, et qui avait passé soixante ans à déchiffrer les écritures les plus indéchiffrables, ne s'était jamais servi de lunettes, et avait conservé même jusqu'à la mort une vue perçante. J'imagine que, si ce vieux bibliothécaire avait eu pour prôneur un de nos critiques à la mode, on aurait exalté chez lui la légèreté sémillante de son style ou les brillants caprices de son imagination vagabonde.

Je cherche si de tels travers ont toujours existé ; s'ils tiennent à l'essence même de la critique ou à certaines combinaisons particulières à notre époque. Sans vouloir faire la satire du temps présent, j'y vois presque partout, chez les hommes les plus studieux, l'étude tenir une place secondaire. Quels sont les savants qui font de leur science, non pas un moyen, mais le but réel de leur vie? On pourrait répondre avec le poète :

Il en est jusqu'à trois que je pourrais citer.

Quant aux critiques, puisqu'il faut, en général, les distinguer des savants, la grande importance de la presse périodique, écho de leurs jugements littéraires, donne à ces jugements une influence très-propre à répandre leurs auteurs dans le monde. Et combien de temps la vie du monde enlève à ces études, que les siècles vraiment littéraires regardaient comme indispensables à la critique ! Pourtant nous voyons dans ces siècles-là les hommes les plus renommés par leur savoir, les critiques les plus forts, faire marcher de front les occupations les plus variées avec leurs travaux littéraires. L'illustre Budé était président du conseil des requêtes ; il avait été prévôt des marchands de Paris et ambassadeur de François I$^{er}$ auprès de Léon X. Henri Estienne, si étourdissant par ses gigantesques travaux de littérature et d'imprimerie, menait avec cela de front, et de la manière la plus active, la politique et la religion. On en pourrait dire autant d'Érasme, de Bembo, du président de Thou et de beaucoup d'autres savants du seizième siècle, qui nous apparaissent aujourd'hui avec des proportions vraiment colossales. Mais remarquez bien que ces divers exercices de leur activité intellectuelle étaient tous graves, sérieux, souvent passionnés, et tenant constamment en haleine leurs facultés les plus hautes; donnant à leur attention une force, à leur jugement une gravité, dont profitaient leurs travaux littéraires. Chez nous, au contraire, le temps qui n'est pas pour l'étude est consacré aux plaisirs, à la recherche du *confortable*, aux soins mesquins d'arranger sa petite position, et d'y faire concourir habilement tous les événements auxquels nous prenons quelque part.

Cette vie offre, il est vrai, plus de calme, de douceur, de sécurité, que l'acharnement religieux et littéraire des grands siècles créateurs, où rien ne se prenait froidement, où la passion, la ténacité, l'énergie, ébranlaient sans cesse l'existence de leurs brûlantes secousses. Alors un livre n'était pas une petite combinaison improvisée pour seconder tel projet particulier, souvent fort peu littéraire : c'était une longue et importante affaire, le fruit de véritables veilles. La critique, à son tour, étudiait, approfondissait son auteur, pour l'exalter par son admiration, ou pour lui porter des coups redoutables ; ce n'était pas cette escrime élégante et facile de notre critique de chaque matin.

Ce que les relations sociales et les habitudes de la vie ont gagné en agrément, les œuvres littéraires l'auraient-elles perdu en exactitude, en profondeur réelle, et surtout en dignité ?

DES

# TRAVAUX D'ÉRUDITION.

La Bruyère a tracé ce portrait de l'érudition ridicule au dix-huitième siècle : « Hermagoras ne sait pas qui est roi de Hongrie; il s'étonne de n'entendre faire aucune mention du roi de Bohème. Ne lui parlez pas des guerres de Flandre et de Hollande; dispensez-le du moins de vous répondre : il confond les temps; il ignore quand elles ont commencé, quand elles ont fini... Mais il est instruit de la guerre des Géants, il en raconte les progrès et les moindres détails ; rien ne lui est échappé..... Il n'a jamais vu Versailles, il ne le verra point : il a presque vu la tour de Babel; il en compte les degrés ; il sait combien d'architectes ont présidé à cet ouvrage ; il sait le nom des architectes. Dirai-je qu'il croit Henri IV fils de Henri III? Il néglige du moins de rien connaître aux maisons de France, d'Autriche, de Bavière : Quelles minuties! dit-il, pendant qu'il récite de mémoire toute une liste de rois mèdes et de Babylone, et que les noms d'Apronal, d'Hérigebal, de Noesnemordach, de Mardokempad, lui sont aussi familiers qu'à nous ceux de Valois et de Bourbon. Il demande si l'empereur a jamais été marié; mais personne ne lui apprendra que Ninus a eu deux femmes. On lui dit que le roi jouit d'une santé parfaite; et il se souvient que Tetmosis, un roi d'Égypte, était valétudinaire, et qu'il tenait cette complexion de son aïeul Alipharmutosis. Que ne sait-il point? Quelle chose lui est cachée de la vénérable antiquité? Il vous dira que Sémiramis, ou, selon quelques-uns, Sérimaris, parlait comme son fils Ninias ; qu'on ne les distinguait pas à la parole : si c'était parce que la mère avait une voix mâle comme son fils, ou le fils une voix efféminée comme sa mère, il n'ose pas le décider. Il vous révèlera que Nembrod était gaucher et Sésostris ambidextre ; que c'est une erreur de s'imaginer qu'un Artaxerce ait été appelé Longuemain parce que les bras lui tombaient jusqu'au genou, et non à cause qu'il avait une main plus longue que l'autre ; et il ajoute qu'il y a des auteurs graves qui affirment que c'était la droite ; qu'il croit néanmoins être bien fondé à soutenir que c'est la gauche. »

Si à cette peinture si vive et si originale vous joignez le caractère que Molière a tracé de ce savant

*Qui, pour avoir un nom qui se termine en ès,*
*Se faisait appeler monsieur Caritidès,*

vous aurez une provision de plaisanteries du meilleur aloi, et assez fécondes pour fournir matière à de nombreuses colonnes de critiques. Reste à savoir si ces critiques trouvent encore aujourd'hui leur application ; si c'est dans l'étude de l'antiquité qu'il faut aller chercher le pédantisme en 1835, ou s'il ne se serait pas transporté ailleurs, comme dans quelques domaines dépendants de la politique, je suppose.

Le fait est qu'il nous arrive souvent de voir traiter avec une inconcevable légèreté des questions littéraires importantes ; et ceux qui puisent leur opinion dans ces jugements sabrés conservent ainsi des préjugés qu'ils regardent comme des idées de progrès, par cela seul qu'on les leur présente dans un style nouveau et brillant. Que de formes nouvelles servent ainsi à rajeunir des observations aujourd'hui hors de mise ! Combien de gens ont vécu et même vivent encore sur Voltaire, quoique son règne soit fini, et fort justement ; car, de tous les despotismes, celui qu'exerce l'esprit de sar-casme et de persiflage me paraît le plus intolérable. Sous un tel règne, en vain réclame-t-on le droit de traiter sérieusement les choses sérieuses, si les hommes qui tiennent le sceptre de la moquerie ont fantaisie de les traiter autrement.

Voltaire et les encyclopédistes avaient introduit la monarchie et l'aristocratie dans les lettres, qui doivent toujours rester une république. Les grands événements qui leur succédèrent firent envisager avec une sorte d'indifférence ces questions spéculatives où ils avaient porté tant de passion. Les sciences exactes jouirent alors d'une influence presque exclusive ; alors surtout brilla dans tout son éclat la première classe de l'Institut, aujourd'hui l'académie des sciences. Elle éclipsa tout le reste, et, pour ne parler que de l'académie des inscriptions et belles-lettres, en ce temps la troisième classe de l'Institut, il était difficile que ses travaux fussent compris et appréciés d'une époque qui se contentait de l'*Histoire de France* d'Anquetil. Aussi ces travaux continuaient-ils dans une espèce d'obscurité ; les académiciens les plus distingués se tenaient à l'écart, et les honneurs de l'érudition étaient faits par des hommes qui n'étaient pas les premiers, tels que M. Langlès pour les langues de l'Orient, M. Gail pour la littérature grecque.

Il n'en est pas tout-à-fait ainsi aujourd'hui. L'académie des sciences conserve toujours, il est vrai, une haute influence par des travaux féconds en applications directes. Peut-être, dans l'attention qu'elle ne cesse d'exciter, le culte de l'industrie l'emporte-t-il aujourd'hui sur celui de la gloire scientifique ; en tous cas, les autels de la science restent fréquentés. Mais ce qui a pris une véritable popularité, c'est l'étude de l'histoire. Dans un temps où toutes les traditions se perdent, et où tant d'incertitude règne sur les sujets les plus importants, les meilleurs esprits ont senti la nécessité, non pas de s'isoler des temps modernes comme Hermagoras, qui croyait Henri IV fils de Henri III, mais de rattacher une exacte connaissance de ces temps modernes à l'étude approfondie des temps passés. Des recherches sur le moyen-âge, sur l'antiquité, sur les peuples étrangers, leur langue, leurs opinions, leurs coutumes, n'ont plus paru des objets faits pour défrayer la bonne humeur des esprits plaisants.

Pourtant rien n'est commode comme l'esprit tout fait, et rien n'est difficile comme de distinguer dans sa propre tête ses idées d'avec sa mémoire. Avec cela, les critiques ressemblent trop souvent à des juges qui chercheraient à attirer toutes les causes à leur tribunal, sans s'embarrasser de la compétence de sa juridiction. On aime à parler de tout dans un feuilleton, et, comme, en général, les savants mêmes ignorent plus de choses qu'ils n'en savent, il résulte de ces causeries avec le public bien du réchauffé, bien du rebattu, souvent des contradictions et des anachronismes. A des éloges sur ce goût de l'histoire, sur cette vénération pour nos monuments, sur cette liberté dans les créations de l'artiste et de l'écrivain, sur cette renaissance de la renaissance, en un mot, qui cherche à se manifester aujourd'hui, vous verrez quelquefois peut-être se joindre des railleries sur le corps distingué, principal foyer où se sont conservées ces traditions de savoir que l'on désire exploiter avec tant d'ardeur, avec trop d'ardeur quelquefois ; car la connaissance d'une chose n'en vient pas aussi vite que le goût.

Quelle est la cause d'une telle inconséquence dans la critique ? c'est qu'en louant la tendance vraiment louable l'écrivain exprime ses propres observations ; en dénigrant mal-à-propos, il n'est que l'écho de quelques vieilles boutades, qui, d'échos en échos, sont arrivées jusqu'à lui, qu'il répète parce qu'il les trouve plaisantes, mais sans en vérifier la justesse. Pour bien critiquer une chose, c'est-à-dire pour lancer des traits qui portent, il faut pourtant la connaître au moins aussi bien que pour en parler sérieusement. Aussi les meilleures plaisanteries sur certains travers de l'érudition sont-elles dues à l'abbé Barthélemy. Mais, en s'attaquant à des sujets auxquels on est étranger, on risque de frapper à faux, et d'exciter quelquefois à ses dépens un rire dont on se croyait l'arbitre.

La facilité que donne la littérature quotidienne habitue à causer en écrivant; la plume ne se refuse rien de ce que se permettrait la langue dans une conversation sans conséquence, et l'on oublie ainsi que c'est avec la France entière qu'on va causer, ne fût-ce que pendant un quart d'heure. Ce laisser-aller fait donc qu'on s'avance trop quelquefois; mais aussi les opinions n'ont pas cet entêtement qui de la moindre contradiction faisait jadis jaillir une polémique interminable.

Si j'ai dit que vouloir ridiculiser les travaux de l'académie des inscriptions est aujourd'hui un anachronisme, j'ai avancé une chose fort inutile à établir pour toutes les personnes qui sont au courant de ces travaux. Ces personnes-là savent que cette académie est, avec celle des sciences, la partie vraiment active et utile de l'Institut. Tout en rendant hommage à l'académie française, à celles des beaux-arts et des sciences morales, on doit convenir que la théorie du beau est changeante dans les arts et les lettres. Boileau avait dit : « Rien n'est beau que le vrai. » Une nouvelle poétique a voulu prouver que la plus grande partie du vrai, c'est le laid; et elle en a conclu que le laid est le beau, plus encore que le beau lui-même. Voilà une mine féconde, et il peut se passer beaucoup de temps avant que l'imitation systématique du laid soit épuisée. Si nous passons aux arts, que peut sur les libres allures des artistes l'autorité contestée d'un aréopage académique? La même chose a lieu pour les sciences morales : bien que la morale soit sans doute toujours la même, rien n'est changeant comme les systèmes de philosophie, et rien n'est entêté comme leurs auteurs ; c'est bien à eux que l'on signifiera une sentence académique !

Il n'en est pas de même pour les sciences d'observation, et pour celle des faits anciens dont la trace s'est perpétuée par des monuments quelconques. Là on est disposé à reconnaître l'autorité du savoir, et des corps d'élite peuvent l'exercer d'un consentement assez unanime. Pour voir la manière dont l'ancienne académie des inscriptions a rempli cette mission, il faut lire ses doctes mémoires. Mais, nous n'hésitons pas à le dire, les travaux actuels de cette compagnie surpassent ceux de ses devanciers. En voici la raison : à l'héritage de ses prédécesseurs elle joint maintenant l'héritage de l'ordre à jamais illustre des Bénédictins ; et, par le zèle et l'érudition de ses membres, elle se montre digne de ce double héritage.

L'académie des inscriptions et belles-lettres applique ses laborieuses investigations à l'histoire des hommes et de leurs sociétés, à l'étude approfondie de la filiation, des analogies ou des différences des langues, à l'interprétation des plus anciennes littératures, où l'érudition parvient à retrouver la plus grande part de ce qu'un siècle présomptueux regarde comme des innovations, car ce n'est pas d'hier que Salomon a dit : « Rien de nouveau sous le soleil. »

Restée fidèle à l'étude des faits, sans jamais sacrifier aux caprices du jour, cette grave compagnie a vu revenir à elle et à ses études une génération avide d'apprendre l'histoire, non plus dans ces longs résumés, incomplets et sans couleur, décorés du nom d'histoires générales, mais à ces sources vives des révélations contemporaines. Que de connaissances se rattachent accessoirement à ces études spéciales quand on en comprend toute la portée ! la géographie, les langues, la paléographie, la numismatique, les recherches archéologiques, l'attention sérieuse portée sur le moyen-âge aux imposants monuments, aux institutions fortes ; enfin partout un grave examen substitué au persiflage frivole.

Ces études, comme on les entend à l'académie des belles-lettres, sont trop profondes pour être accessibles à beaucoup de personnes ; et nous ne prétendons pas réclamer pour elles une vogue dont elles ne sont pas susceptibles, et qu'elles sont loin de rechercher. Mais aux personnes qui demandent de bonne foi des notions exactes sur l'état de l'érudition, répondons par des faits incontestables, et montrons du moins le vide des plaisanteries séculaires qu'une critique routinière ne cesse de répéter.

COUP D'OEIL

# SUR L'ORIGINE DE L'ÉCRITURE.

Les découvertes de l'érudition moderne sur les écritures de l'ancienne Égypte doivent faire considérer l'origine de l'écriture sous un point de vue nouveau. Les premiers termes de cette question doivent ainsi recevoir plus de développements que n'avait pu leur en donner Montfaucon, et des développements tout différents. Tel est le sujet de ces considérations sur l'origine de l'écriture.

Presque toutes les traditions de l'antiquité classique sur les commencements de l'écriture en Grèce en attribuent l'introduction dans ce pays à Cadmus. Mais il ne faut jamais perdre de vue, en discutant ces questions d'origines chez les Grecs, que l'anthropomorphisme, leur caractère dominant, les a portés à tout personnifier, les grands événements comme les grandes vertus, comme les grands vices. Le siècle et le pays auxquels se rattachaient la découverte et la propagation d'un art sublime se résumaient pour eux dans un héros célèbre ou contemporain de l'événement, ou plus souvent son compatriote seulement, si l'on peut ainsi parler. Triptolème était l'inventeur de la charrue, Hercule le dompteur des monstres; Dédale représentait presque tous les arts d'application... Ainsi Cadmus passa pour avoir introduit ou même *inventé* l'écriture.

Ce héros florissait au commencement du seizième siècle avant Jésus-Christ. Il est certain qu'un genre de lettres d'une forme très-ancienne, tombé en désuétude à l'époque d'Hérodote, était appelé *lettres cadméennes*; Hérodote rapporte même avoir lu trois inscriptions de ce caractère sur des trépieds du temple d'Apollon Isménien à Thèbes : « J'ai vu moi-même des lettres cad-
» méennes, gravées sur des trépieds dans le
» temple d'Apollon Isménien à Thèbes en
» Béotie; elles avaient beaucoup de rapports
» avec les caractères ioniens. L'inscription d'un
» de ces trépieds portait :

« Amphitryon m'a consacré à son retour de
» Téléboé. »

Or cette expédition d'Amphitryon est justement celle pendant laquelle la fable suppose que Jupiter prit la figure de ce prince pour s'introduire auprès de sa femme Alcmène. L'inscription de ce trépied répondait donc à la naissance d'Hercule, que Fréret place à l'an 1383 avant Jésus-Christ. Hérodote cite ensuite les inscriptions des deux autres trépieds, l'un consacré du temps d'Œdipe par Scéus, fils d'Hippocoon, et l'autre par Laodamas, fils d'Étéocle.

Il n'y a aucun doute sur l'existence de ces trépieds et de leurs inscriptions, puisque Hérodote les avait vus ; et l'on n'a jamais le droit de suspecter le témoignage de ce père de l'histoire, dont toutes les assertions personnelles qu'on a pu vérifier ont été reconnues exactes. Mais, quant à l'antiquité de ces mêmes inscriptions, on conçoit d'abord qu'il ait pu être dans l'intérêt des prêtres de supposer à quelques objets du trésor de leur temple une origine ancienne et héroïque, propre à exciter la vénération des peuples. Cette supposition s'accorde avec l'opinion de ceux qui regardent l'écriture grecque comme postérieure à Homère. Nous allons d'abord exposer cette opinion.

Les plus anciens monuments de la littérature grecque, tous bien postérieurs aux époques que nous venons d'indiquer, ne font aucune mention de l'écriture, et paraissent avoir été composés avant que l'usage en fût répandu dans la Grèce. Ils furent d'abord transmis de bouche en bouche par la mémoire, faculté bien plus développée chez les hommes avant que l'art d'écrire ne vînt la suppléer en partie. Homère lui-même (car nous ne pouvons nous résoudre à dire avec une nouvelle école de critique : les auteurs de l'Iliade), Homère, qui passe en revue la nature et la société tout entières, et qui n'est étranger à aucune des connaissances de son temps, ne dit pas un mot d'un art qui n'aurait pas manqué d'appeler ses observations s'il en eût eu connaissance. On sait que le seul passage où l'on aurait pu voir quelque mention de l'écriture est celui-ci :

« Prœtus envoya Bellérophon en Lycie, et
» lui donna des signes funestes, traçant dans
» une tablette fermée beaucoup de choses per-
» nicieuses. » (*Iliade*, VI, 168, suiv.)

Le mot *sêmata* qu'Hérodote emploie dans cette locution, les *signes phéniciens de Cadmus,* c'est-à-dire les *lettres,* a fait remarquer à madame Dacier que tel pouvait être le sens de ce mot dans ce passage d'Homère. Mais, aucun autre passage du poète ne corroborant cette explication, il est bien plus naturel de donner à *sêmata* le sens de *signes convenus* ou *symboles particuliers*, comme étaient les signes de l'hospitalité. Quant au verbe *graphô*, qui s'applique à tous les arts graphiques, il est bien plus simple de le traduire là par *tracer* que par *écrire*.

Si l'écriture eût été connue en Grèce du temps d'Homère, les deux grands poèmes qui lui sont attribués auraient contenu plusieurs allusions à cet art. Quel est le poème de quelque étendue où l'on trouverait un pareil silence sur un art qui devait pourtant paraître d'autant plus remarquable à un esprit observateur qu'il aurait été plus nouveau?

Or l'*Iliade*, quelque opinion que l'on émette sur son auteur, est nécessairement postérieure au siége de Troie, dont la prise, fixée à l'an 1282 avant Jésus-Christ est plus récente d'au moins un quart de siècle que les derniers personnages thébains cités par Hérodote comme donateurs des trépieds dont il avait lu les inscriptions. Si l'écriture eût été alors connue en Béotie, les Thébains qui étaient au siége de Troie, qu'Homère appelle même *Cadméiônés, descendants de Cadmus*, et qui ont donné leur nom au catalogue des vaisseaux, chanté par les rapsodes sous le titre de *Bœotia*, les Thébains, disons-nous, n'auraient pas manqué d'apporter avec eux et de répandre parmi tous les Grecs de l'armée les notions de l'écriture.

On sent qu'à côté de ce silence des plus anciennes compositions poético-historiques, quelques assertions d'auteurs, comparativement modernes, sont sans aucun poids pour les partisans de l'opinion que nous exposons. Ils n'hésitent pas à rejeter comme erronées celles de Pline et de Philostrate qui attribuent à Palamède pendant le siége de Troie l'invention de plusieurs lettres ou même de l'alphabet entier. Enfin ils voient un des nombreux anachronismes de l'Énéide dans le passage où Virgile fait écrire un vers à Énée :

. . . . . . . . . Rem carmine signo.
Æneas hæc de Danais victoribus arma.
(L. III, v. 287, sq.)

Si donc nous refusons d'admettre les traditions classiques sur l'origine de l'écriture en Grèce, il nous faut chercher dans les faits historiques un indice que ne détruisent plus des preuves contraires. Et nous trouvons cet indice peu de temps après Homère, auquel les chronologistes assignent pour époque la fin du dixième siècle avant Jésus-Christ. Lycurgue, né vingt-six ans avant la fin de ce siècle, et par conséquent en partie contemporain d'Homère, prolongea sa carrière jusqu'à la cinquante-neuvième année du siècle suivant; et, le premier, il mit par écrit ces deux grands poèmes d'Homère, qu'il fit ainsi connaître à toute la Grèce.

Cette poésie sublime, les chants instructifs et harmonieux d'Hésiode, les fortes institutions de Lycurgue, nous montrent alors une bien grande époque de fermentation intellectuelle. La mémoire de l'homme n'allait plus suffire à la conservation des œuvres de son génie. Aussi est-ce à cette époque, c'est-à-dire dans la première moitié du neuvième siècle avant Jésus-Christ, que Léon Allatius assigne l'introduction de l'écriture en Grèce. Elle y précéda d'environ deux siècles l'histoire en prose. Car le plus ancien prosateur grec que nous connaissions de nom est Cadmus de Milet, qui vivait dans le commencement du sixième siècle avant Jésus-Christ, et qui est ainsi antérieur à Hérodote à peu près d'un siècle.

Mais il existe sur cette même question de l'introduction de l'écriture en Grèce une autre opinion fort imposante par les personnes qui l'ont soutenue. M. le marquis de Fortia, dans son *Essai sur l'origine de l'écriture*, a même consacré un chapitre entier à l'histoire de cet art en Grèce avant Homère. A l'appui de ses savantes considérations, l'on peut ajouter que, si l'introduction de l'écriture en Grèce eût été de beaucoup postérieure à la guerre de Troie, cet événement se fût ainsi trouvé à peu près contemporain des temps historiques, et nous aurions probablement sur sa date des indications plus précises. Quant au silence d'Homère, sans disconvenir de la gravité de cette objection, elle pourrait être réfutée jusqu'à un certain point, en admettant que l'écriture, bien que connue en Grèce, a pu y rester des siècles à peu près sans usage, faute de matières commodes pour écrire.

M. de Fortia, d'après le témoignage des auteurs grecs et latins, place l'introduction de l'écriture en Grèce au seizième siècle avant Jésus-Christ, époque remarquable dans l'histoire primitive de ce pays par les colonies d'Égyptiens et de Phéniciens qui, d'après les traditions helléniques, vinrent alors porter le flambeau de la civilisation, Cécrops dans l'Attique, Cadmus en Béotie, Danaüs dans l'Argolide. M. Letronne a présenté récemment cette partie des origines grecques sous un jour nouveau, en refusant aux Égyptiens la part qu'on leur a donnée jusqu'à présent dans la civilisation de la Grèce. En admettant même son savant système pour les colonies du seizième siècle avant Jésus-Christ dont nous venons de parler, on pourrait encore ne pas rejeter la tradition d'une colonie antérieure de trois siècles, celle d'Inachus dans le nord du Péloponnèse, au dix-neuvième siècle avant Jésus-Christ, à cette époque où la tyrannie des Hycsos ou rois pasteurs dut forcer à de lointaines émigrations un grand nombre d'Égyptiens. Si cette antique colonie n'imprima pas à la naissante société de la Grèce ces formes de la société égyptienne que M. Letronne voudrait y voir pour reconnaître la présence de colons égyptiens, on pourrait l'attribuer au peu d'extension de leur domination, joint à leur petit nombre, que l'état de la navigation dans ces temps reculés rend fort probable. Alors ils se seraient modifiés peu à peu par l'influence du climat et des habitudes de leur nouvelle patrie, plutôt que d'attirer celle-ci au joug de leur civilisation.

Cette question, du reste, n'a qu'un rapport très-vague à celle de l'introduction de l'écriture en Grèce, puisqu'il est assez naturel de supposer qu'Inachus et ses compagnons, ou n'apportèrent pas avec eux la science de l'écriture (bien que connue alors en Égypte), ou, absorbés par la nécessité de leur existence dans ce pays nouveau et sans doute presque sauvage, ne s'occupèrent pas de transmettre cette science à leurs descendants. D'ailleurs, si l'on prend pour guides les traditions rapportées par les anciens auteurs (et c'est là le fondement de la seconde opinion que nous exposons), on admettra que les Grecs durent leur écriture aux Phéniciens par Cadmus.

Cette origine phénicienne de l'écriture grecque est un fait qui n'est point contesté. Mais les Grecs, en rendant cet hommage aux Phéniciens, les ont regardés comme les premiers inventeurs de l'écriture. Cette opinion était passée de l'antiquité classique chez les modernes. Elle dut s'y maintenir, et s'y maintint en effet jusqu'aux importantes recherches dirigées avec tant de sagacité et de bonheur dans ces dernières années sur les divers systèmes d'écriture de l'antique Égypte.

Les premières clartés, portées, comme chacun sait, par M. le baron Silvestre de Sacy sur l'inscription trilingue * de Rosette, vinrent à recevoir une extension inattendue de

---

* L'épithète *trilingue*, appliquée à l'inscription de Rosette, peut sembler impropre, en ce sens que, sur les trois colonnes d'écritures différentes, deux sont en égyptien. Mais on a fait, jusqu'à présent, si peu de chemin dans l'intelligence de cette partie de l'inscription, que l'on n'est pas en droit d'affirmer que la langue représentée par le caractère hiéroglyphique fût la même que celle du caractère démotique. S'il y a de la différence entre les deux, c'est à la dernière que répondrait le copte; et l'inscription serait réellement trilingue. Nous devons cette observation à notre savant ami M. Wladimir Brunet.

M. le docteur Young, qui s'appuya d'une base inébranlable, l'identité de la langue copte avec l'ancien égyptien, identité démontrée par M. Étienne Quatremère avec une évidence déjà si féconde en grands résultats. La sagacité pénétrante et investigatrice de feu M. Champollion porta bientôt dans une voie de rapide perfectionnement ces études nouvelles, où il fut secondé par les travaux auxiliaires de MM. Akerblad, Salt, Peyron, Rosellini, Brown, de Kosegarten, et par les travaux, pour ainsi dire parallèles, de MM. Hase et Letronne. Cette question, jusqu'alors en apparence insoluble, et qui n'avait inspiré, avant M. de Sacy, que des extravagances *, se trouva ainsi tellement illuminée, que l'on put passer avec certitude des Phéniciens aux Égyptiens, et là trouver sinon la naissance précise d'un art dont est provenue toute civilisation, au moins remonter, en le suivant, jusqu'à des siècles très-reculés ; et enfin, de l'examen de sa

* On croit pouvoir qualifier ainsi les volumineux travaux du père Kircher et de ses disciples, dont le docteur Seyffarth a voulu encore récemment soutenir les doctrines, même depuis Champollion.

marche pendant un aussi long période, tirer les inductions les plus vraisemblables sur ses premiers essais.

L'antique Égypte, berceau de la civilisation humaine, centre d'où ont rayonné en Orient et en Occident tous les enseignements divers qui ont policé le monde, possédait et conserve encore sur ses gigantesques édifices les caractères mystérieux d'un langage que son impénétrable obscurité avait fait regarder jusqu'ici par les anciens et les modernes comme en dehors de toute comparaison. Pourtant l'opinion générale était qu'il représentait seulement les idées. Peut-être se trouvait-il ainsi le type, non seulement de l'écriture idéographique des peuples les plus lointains de l'Orient, mais encore des signes numériques, auxquels s'applique si favorablement le principe idéographique qu'aujourd'hui en Occident et en Orient les mêmes chiffres sont employés par des peuples dont l'écriture diffère autant que le langage.

Il n'entre pas dans les bornes étroites de notre sujet de retracer les inductions successives au moyen desquelles MM. Young et Champollion, autorisés par M. Etienne Quatremère à considérer le copte comme la langue des anciens Égyptiens, ont reconnu dans les hiéroglyphes un grand nombre de caractères phonétiques; comment l'emploi de ces caractères, que l'on crut d'abord réservés à exprimer quelques noms propres étrangers, dont le son ne réveillait aucune idée égyptienne, fut étendu, principalement par M. Champollion, à presque tous les noms propres égyptiens, et même, selon son opinion, à une grande partie des autres mots*; enfin comment la comparaison de plusieurs papyrus avec la pierre de Rosette a fait retrouver les différents genres d'écritures égyptiennes mentionnés par saint Clément d'Alexandrie, dans les genres suivants que l'on a nettement distingués : *l'Hiéroglyphique* ou caractère monumental; le même caractère simplifié par les prêtres pour s'en servir avec le *calamus* d'une manière cursive, c'est *l'hiératique* ou sacerdotale; et enfin *l'enchorique* ou *démotique*, à l'u-

* Selon Champollion, dans les inscriptions hiéroglyphiques, les trois quarts sont phonétiques. Mais, comme il faut plusieurs signes phonétiques pour exprimer un mot, tandis qu'il ne faut qu'un seul signe symbolique, il se peut que les signes phonétiques, bien que plus nombreux, expriment moins de mots.

sage du reste de la nation : il dérive entièrement de l'hiératique, et paraît être presque entièrement phonétique, d'après Champollion, contredit en cela par M. de Fortia et par d'autres savants.

Ici qu'on nous permette de donner quelques instants d'examen à la filiation de ces trois écritures égyptiennes. Si nous cherchons à nous représenter les tâtonnements qui ont accompagné les premiers commencements de l'art d'écrire, nous manquons de données positives, puisque l'écriture hiéroglyphique se présente, tout organisée avec son mélange régulier d'idéographie et de phonétisme, à des époques antérieures aux détails de l'histoire, M. Champollion ayant lu, dans une légende de la partie la plus ancienne du temple de Karnac, le nom de Mandouéi Ier, chef de la seizième dynastie, l'Osymandias des Grecs, et dont le règne répond de l'an 2272 à l'an 2222 avant Jésus-Christ, d'après les calculs chronologiques de M. Champollion Figeac.

Cette chronologie s'accorde très-bien avec celle de l'Écriture-Sainte, puisque la naissance d'Abraham se rapporte à la première année du règne de ce Pharaon, chef de la seizième dynastie; et c'est seulement à la fin de la dix-huitième que Moïse sortit d'Égypte avec le peuple de Dieu. Ainsi l'on conçoit comment ce peuple, qui était resté plus de deux siècles en Égypte, en emporta la connaissance de l'écriture, dont il fit peut-être le premier un usage purement phonétique. A cette époque lui furent données les tables de la loi (1493 avant Jésus-Christ). On voit donc la concordance parfaite de ce grand événement avec l'histoire de l'écriture; et c'est la première fois qu'il en est fait mention dans la Bible.

S'il n'y a rien de plus ancien, en fait de cartouche dénominateur, que le nom de Mandouéi Ier, nous serons obligés, pour faire remonter plus haut les recherches sur l'art d'écrire, de recourir à des conjectures appuyées sur quelques textes. Mais ils sont loin, dans une question de ce genre, d'avoir l'autorité des monuments. M. Letronne a démontré que la description du tombeau d'Osymandias, donnée par Diodore, n'a pas de fondement réel[*], et re-

---

[*] Bien qu'une partie du temple de Karnac ait été donnée dans le grand ouvrage sur l'Égypte comme ce tombeau d'Osymandias.

pose sur un conte de *cicerone* fait sans doute à cet historien. Aussi nous n'invoquerons pas ce passage, comme l'avait fait feu Champollion\*, pour établir qu'il y avait dans ce tombeau une nombreuse bibliothèque. Car à quoi serviraient les austères vérifications de la science si l'on retombait toujours dans les mêmes erreurs? Un fait reste toujours de ce cartouche de Mandouéi I$^{er}$ ou Osymandias, lu par Champollion, c'est que le caractère phonétique existait du temps de ce roi. Probablement un si grand pas dans la science de l'écriture s'était fait pendant les siècles écoulés entre le règne de ce Pharaon et celui du premier roi Ménès, contre lequel des formules de malédiction avaient été inscrites dans les temples égyptiens, en exécution du jugement solennel porté contre la mémoire de ce prince par la nation. Il est permis de supposer que ces formules n'étaient que quelques signes figuratifs sans système régulier, comme les *sêmata* d'Homère, dont nous avons parlé.

Le caractère de gravité, de consistance, qu'offre en toutes choses l'antique Égypte, doit

---

\* Seconde Lettre à M. le duc de Blacas, page 16.

faire attribuer à cet art des progrès lents et soutenus. On pourrait se représenter les premiers essais de l'écriture comme se confondant avec ceux du dessin. Les progrès les plus voisins de cette origine seraient l'introduction d'un principe régulateur, déterminant la signification de chaque figure et en écartant l'arbitraire. C'est le principe symbolique d'où saint Clément d'Alexandrie fait dériver le caractère kyriologique par imitation, le tropique et l'énigmatique. Le premier, qui est tout figuratif, conserve les plus anciennes traces de l'art, puisqu'il consiste dans l'imitation des objets eux-mêmes; mais les perfectionnements successifs réduisent par la suite ce caractère kyriologique au moindre rôle. Le second (le tropique) conserve toujours un rôle beaucoup plus important, comme d'un usage plus étendu et plus commode; réveillant une idée accessoire, non seulement par la représentation de l'objet auquel elle se rattache, mais par telle partie convenue de cet objet. Ainsi une partie du corps du lion pourra représenter une des principales qualités de cet animal; mais pour s'entendre il sera nécessaire de déterminer quelle partie et quelle qualité. A plus forte raison, cette détermination sera-t-elle nécessaire pour le troisième caractère, l'énigmatique, comme le serpent représentant la révolution des planètes.

Pour l'époque où serait venu s'ajouter à ces premiers progrès le principe phonétique qui renferme la véritable origine de l'écriture phénicienne et de tous les autres alphabets, nous avons le long espace de temps rempli par quinze dynasties antérieures à Osymandias. Ce principe fut-il introduit dans l'écriture égyptienne par la connaissance que les prêtres eurent de l'écriture cunéiforme, qui est alphabétique et dont l'antiquité paraît n'être pas moins respectable en Asie que celle des hiéroglyphes en Afrique? c'est là peut-être le point le plus curieux de toute cette question. Si cette supposition se vérifiait, on verrait donc l'Égypte réunissant alors en un seul système les deux systèmes graphiques, dont les Hébreux ou les Phéniciens auraient détaché, pour l'isoler de nouveau, le principe phonétique, au moins huit siècles plus tard, puisque l'époque de la fusion est nécessairement antérieure au vingt-troisième siècle avant Jésus-Christ, temps où vivait ce

Mandouéi I<sup>er</sup> ou Osymandias, dont M. Champollion explique le cartouche dans sa seconde lettre à M. le duc de Blacas. Les résultats qu'a déjà obtenus dans l'étude des inscriptions cunéiformes M. Eugène Burnouf peuvent arriver au point d'éclaircir cette première origine du principe phonétique qui s'introduit partiellement dans l'écriture égyptienne, plus de vingt-trois siècles avant Jésus-Christ. Il n'est peut-être pas de sujet de recherches plus intéressant dans l'étude philosophique des progrès de l'esprit humain.

On sait aujourd'hui par quel procédé le caractère phonétique s'introduisit dans les hiéroglyphes. La représentation d'objets dans les noms égyptiens desquels on considéra seulement le son initial vint faire l'office de *lettres*. Ces objets, abrégés dans le caractère hiératique, y prennent déjà une forme de convention destinée seulement à les rappeler. Cette forme, dont on retrouve encore la trace dans le caractère démotique, indique ainsi la chaîne des trois écritures égyptiennes ; mais, suivant Champollion, la démotique est surtout phonétique. Pourtant les Égyptiens, à qui l'idéographie était si familière, ne renoncèrent jamais entièrement à son emploi, même en écrivant la démotique. Certains signes, employés de tout temps pour les idées les plus usuelles, comme l'idée d'*homme*, offraient l'avantage d'écrire d'un seul trait du roseau les mots qui se présentaient le plus fréquemment, et l'on peut dire qu'une telle combinaison de l'idéographie avec le phonétisme est peut-être la plus heureuse qui puisse être imaginée dans un système d'écriture. Le phonétique permet de tout représenter; et l'idéographie appliquée aux mots les plus usuels jointe à cet avantage celui de la plus grande promptitude [*].

La haute civilisation de l'antique Égypte, et les restes merveilleux qui nous l'attestent encore sur les lieux mêmes, après tant de siècles, s'accordent bien avec ce degré de perfection de

---

[*] Les Chinois et les Japonais ne sont pas arrivés à cette perfection. Dans leur écriture idéographique, ils ont aussi un syllabaire phonétique; mais il sert pour les noms propres, qui sont encadrés dans des cartouches, comme sur les inscriptions hiéroglyphiques. Cette coïncidence singulière avait donné lieu à l'opinion de M. de Guignes, au sujet de l'origine égyptienne des Chinois.

l'écriture. Nous connaissons très-imparfaitement cette civilisation si ancienne. Quant aux points de supériorité que pourrait avoir incontestablement la nôtre, peut-être tiennent-ils seulement à l'effet nécessaire du temps, qui, en faisant fructifier les découvertes, met à profit pour les derniers venus toute l'expérience amassée successivement par leurs devanciers. Mais qui nous dit qu'un aussi riche héritage de sciences et d'observations, exploité aujourd'hui par un peuple comme étaient les anciens Égyptiens, n'aurait pas étendu bien davantage ce domaine intellectuel de notre époque?

Quoi qu'il en soit, l'art si important de l'écriture, en passant de l'Égypte aux Hébreux, aux Phéniciens, apporta à ces peuples une direction d'idées toute différente, qui caractérisa ensuite un pays alors nouveau, cette Europe aujourd'hui vieille, et où les Phéniciens semèrent le germe fécond des arts.

Les Phéniciens reçurent de l'Égypte son caractère démotique, qui, appliqué à leur langue, devint réellement pour la première fois, chez eux ou chez les Hébreux, purement phonétique. Car les Égyptiens, par cette chaîne non interrompue de leurs trois écritures, voyaient à la fois des sons et des idées dans les signes phonétiques de leur écriture populaire. Les Phéniciens n'y virent plus que des sons. Dès lors, les signes de l'écriture prenant quelque chose de mécanique, dégagés des idées symboliques inséparables, en Égypte, de leur origine traditionnelle, devinrent des instruments comme le roseau qui les traçait, et laissèrent ainsi à la pensée toute son indépendance, en affranchissant l'exercice de l'écriture de toute préoccupation.

Voilà l'écriture que les Grecs reçurent des Phéniciens.

DE L'UNE

DES PLUS ANCIENNES ENCYCLOPÉDIES

ÉCRITES EN FRANÇAIS.

Que de phrases n'a-t-on pas faites et ne fera-t-on pas encore sur les encyclopédies, cette chose si inutile, et je dirais presque si ridicule! Passe encore pour les manuels; au moins chacun de ces petits volumes vous offre en raccourci l'ensemble d'un art, d'une science, d'un métier, d'une branche quelconque des connaissances humaines. Ce résumé sera plus ou moins substantiel, selon la concision et le talent d'analyse de son auteur; toujours offrira-t-il un exposé méthodique de la chose qu'il traite de manière à en donner une idée sommaire. Mais prétendre resserrer dans un seul ouvrage tout ce que l'homme peut savoir; puis, muni d'une douzaine de volumes, véritable habit d'arlequin, que forment quantité de guenilles cousues avec quelques morceaux de brocart, se présenter hardiment, nouveau Pic de la Mirandole, prêt à disserter *de omni re scibili*, et même, au besoin (comme ajoutaient les plaisans du temps de ce prince), *de quibusdam aliis*, voilà une bizarre imagination. Là-dessus j'entends nos faiseurs de prospectus se récrier et me dire : « Qui vous parle d'une connaissance approfondie de chaque science ? Notre encyclopédie a seulement pour but de donner de tout une teinture suffisante. » Car c'est là le beau idéal : une teinture ! pouvoir placer son mot ! ne paraître étranger à rien ! Toutes locutions en très-grande faveur et dont on ne sent pas l'absurde, triste indice de l'esprit du jour.

S'il ne s'agit absolument que d'un jargon de mots techniques retenus péniblement dans la mémoire, sans y attacher d'idées, et dont l'emploi donne lieu à de continuels quiproquos, ces monuments, élevés pour l'instruction des perroquets, rempliront assez bien leur but; mais je ne leur en trouve guère d'autre. Pour avoir une idée même très-sommaire d'une chose, il faut l'étudier un peu soi-même, sinon se contenter de la définition d'un bon dictionnaire. Mais c'est perdre son temps, de lire une page rédigée presque toujours par quelqu'un qui n'entend rien à ce dont il parle ; car la connaissance approfondie d'un sujet fait trop sentir toute la vanité des prétentions encyclopédiques pour en accepter sa part. Si quelques points sont traités convenablement, ils sont alors hors de proportion avec le reste ; et, si l'on admet tous les développements de ce genre, ce devient un ouvrage énorme et qui n'a pas de bornes. En voulant proportionner l'étendue de chaque article à son importance, nouvel écueil : un homme de lettres s'accommode difficilement d'une telle dépendance ; d'ailleurs, rien n'est plus contestable que l'importance relative assignée à chaque sujet.

Tous les recueils de ce genre offriront l'application de ces réflexions. La grande encyclopédie de d'Alembert, par la réunion des talents qui y concouraient, et même par l'esprit de parti philosophe, qui y mettait tant d'importance, était certainement un ouvrage d'une bien autre considération que les mesquines spéculations d'aujourd'hui : eh bien ! voyez quelle imperfection dans la plus grande partie de cet ouvrage énorme. Si plusieurs mots nous offrent, au lieu de notions abrégées, des traités complets, la place de ces dissertations aurait été bien plutôt dans un volume spécial, destiné aux amateurs de telle ou telle spécialité. Dans la plus grande partie des autres articles, au lieu de détails précis qu'on aurait pu donner alors comme aujourd'hui, vous trouvez des déclamations philosophiques substituées aux faits qui en fournissaient le prétexte. Une telle direction a fait de cette grande entreprise une œuvre de parti ; et le nom d'encyclopédiste, qui en désigne les rédacteurs, offre même une idée assez nette comme dénomination systématique. Mais l'esprit rigoureux et entreprenant des principaux d'entre eux a laissé quelque chose de grand à ce monument où ils avaient mis leur gloire.

Quant aux entreprises qui prétendent le rajeunir aujourd'hui, n'en parlons pas, pour n'offenser personne. Car nous n'en parlerions pas comme les éditeurs, selon lesquels une encyclopédie est le premier livre d'une bibliothèque, et peut même, à la rigueur, en tenir lieu à lui tout seul. Il faut avouer que nos libraires sont de grands philanthropes. En mettant ainsi au rabais l'universalité des connaissances, ils ont appliqué à l'intelligence les perfectionnements les plus raffinés de l'industrie et de l'économie politique.

Vous voulez acquérir par la lecture une connaissance sommaire de l'anatomie : vous lisiez Bichat, Cuvier; pour la géographie vous consultiez Danville, Maltebrun, Barbié du Bocage; pour les monuments de l'art, Winckelmann, Visconti, etc. Tous ces livres sont à la fois très-volumineux et très-chers, et ne vous apprennent chacun qu'une seule chose : nous vous offrons, nous, une économie notable de temps et de dépense, et nous vous apprenons un peu de tout. C'est absolument, comme on voit, le raisonnement de l'intendant d'Harpagon : « Voilà
» une belle merveille que de faire bonne chère
» avec bien de l'argent ! c'est une chose la plus
» aisée du monde, et il n'y a si pauvre esprit
» qui n'en fît bien autant ; mais, pour agir en
» habile homme, il faut parler de faire bonne
» chère avec peu d'argent. »

Mais, pour dépenser même le peu d'argent

que coûtent ces encyclopédies portatives, je trouve qu'il y a une quantité de livres entre lesquels on aurait à choisir auparavant. Un tel ouvrage, loin d'être un objet indispensable, me paraît un objet de luxe, et, si j'avais à former une bibliothèque, je n'y ferais pas entrer d'encyclopédie avant d'avoir réuni trois mille volumes. Après l'Écriture sainte, je placerais, non pas une encyclopédie, mais un bon dictionnaire de la langue, puis un dictionnaire historique abrégé donnant exactement les noms et les dates, le Discours de Bossuet sur l'Histoire universelle, les fables de La Fontaine, les comédies de Molière, les chefs-d'œuvre de Corneille : à cela vous joindriez le traité spécial de la chose que vous voulez étudier à fond. Eh bien ! au bas prix où sont aujourd'hui les bons livres dans leurs éditions les plus modestes, tous ceux-là ne coûteraient guère plus qu'un de ces inutiles fatras décorés du nom d'encyclopédies.

Une encyclopédie était tout autre chose avant la découverte de l'imprimerie, et surtout pendant le moyen-âge, où la propagation de l'instruction était si difficile. Je ne parle même pas du dixième siècle, ce temps d'ignorance profonde, mais même aux époques remarquables où se montrait dans les esprits supérieurs une grande fermentation d'intelligence, comme au treizième siècle, les livres étaient encore bien rares ; puisque deux siècles plus tard, quand cette longue fermentation allait enfin fructifier avec abondance, Louis XI, voulant se faire transcrire je ne sais quel ouvrage d'Aristote ou d'Avicène, qui appartenait à la faculté de médecine de Paris, ne put en obtenir la communication qu'en déposant une somme très-considérable, et en remettant, de plus, comme garants, plusieurs officiers de sa maison, auxquels la Faculté voulut encore que plusieurs bourgeois de Paris joignissent leur garantie personnelle. Et elle ne rendit ses otages et son nantissement qu'en rentrant en possession de son volume.

C'était donc alors une idée belle et utile, une œuvre vraiment méritoire et de pénible exécution, que de réunir en un seul corps les connaissances éparses dans des livres si difficiles à se procurer. Vincent de Beauvais eut la gloire de composer une véritable encyclopédie, bien autrement étendue que l'histoire naturelle de

Pline, sur un plan bien autrement vaste, et qu'il parvint à remplir, quoique très-pauvre en ressources, surtout si on le compare à l'auteur romain. Car Pline vivait à celle de toutes les époques antérieures à l'imprimerie qui ait été certainement la plus favorable à un travail tel que le sien. Ce qui pourrait faire supposer qu'il y avait alors à Rome plus de livres peut-être qu'aujourd'hui, c'est que la fameuse bibliothèque d'Alexandrie, au moment où elle fut malheureusement brûlée par Jules César, paraît avoir contenu autant de volumes qu'en renferme aujourd'hui la bibliothèque du roi à Paris. Quelle différence donc de l'empire romain du temps de Pline à la France du temps de Vincent de Beauvais, lecteur de Saint-Louis ! Cette considération fait comprendre tout le mérite du savant dominicain. Il semble que les grands hommes reçoivent de la Providence des forces proportionnées aux obstacles qu'ils ont à surmonter. C'est peut-être pour cela qu'on est si mou et si paresseux aujourd'hui au milieu de tant de trésors et de science.

Albert-le-Grand vivait à la même époque ; homme prodigieux, en effet, et que son siècle est excusable d'avoir désigné à l'ignorance des âges suivants comme le plus grand des sorciers. Dans les vingt-un volumes *in-folio* qui forment la collection de ses œuvres, se trouvent bien d'autres choses que de savantes compilations. Ce que la science peut y recueillir dans ses différentes spécialités, est peut-être un des meilleurs arguments en faveur de son alliance avec l'érudition.

Le *Speculum majus* ne fut pas traduit en français; néanmoins ce ne fut pas par impuissance de l'adapter à tant d'expressions savantes, comme pourrait le faire croire l'état encore si peu avancé de notre langue. Elle fut choisie à cette même époque, comme l'observe M. Champollion\*, par le Florentin Brunetto Latini, réfugié à Paris, et qui y composa son immense *Trésor* encyclopédique. Les motifs que donne ce vieil auteur du choix de notre langue sont bien remarquables; ils ont été souvent cités : « Et se aucuns demandoit pourcoi chius » livres est escris en roumanch, selonc le pa- » tois de Franche, puis ke nous sommes Yta-

---

\* Dans ses Prolégomènes de la Chronique du moine Aimé.

» lijens, je diroic que ch'est pour deus rai-
» sons : l'une que nous sommes en Franche;
» l'autre pour chou que la parleure est plus
» delitable et plus kemune à tous langages. »

Environ cinquante ans après Brunetto, Simon de Compiègne, à la requête de Philippe-le-Bel, traduisit du latin en français, sous le titre de *Cœur de Philosophie*, une autre encyclopédie. Mais ce fut plus d'un demi-siècle après celle-ci que l'on dut à la volonté d'un autre roi l'ouvrage de ce genre qui a eu le plus de succès en France. Ce roi était Charles V; l'écrivain qui exécuta ses ordres, Jean de Corbichon, son chapelain, religieux augustin; l'ouvrage traduit, un livre intitulé *de Proprietatibus rerum*, dont l'auteur était Barthélemy Glanvil, franciscain anglais.

Cet ouvrage, de même que le *Cœur de philosophie*, est véritablement une encyclopédie, dans le sens que nous donnons aujourd'hui à ce mot; c'est-à-dire une réunion de toutes les connaissances, présentée de la manière la plus commode pour les recherches. Vincent de Beauvais, en concevant le plan de son immense travail, eut des vues trop hautes pour soumettre au pêle-mêle de l'ordre, ou plutôt du désordre alphabétique, le monument imposant qu'on a quelquefois désigné en français sous le nom de bibliothèque de l'univers. Mais l'exécution de cette œuvre grandiose put donner l'idée d'en disposer les matériaux de la manière la plus commode : œuvre d'érudition patiente. Non pas toutefois que nous prétendions voir dans l'ouvrage de Barthélemy de Glanvil un remaniement du *Speculum majus*. Nous n'ignorons pas que M. Jourdain, dans ses *Recherches sur les traductions latines d'Aristote*, a nié que cet ouvrage fût antérieur à celui de Barthélemy, qu'il regarde comme contemporain de Vincent de Beauvais, bien que la *Biographie universelle* le place un siècle plus tard. Le franciscain anglais, qui cite plusieurs fois Albert-le-Grand, a pu avoir connaissance du plan et des recherches de Vincent de Beauvais, leur contemporain à tous deux, avant que son grand ouvrage fût terminé, et que les copies en fussent répandues. Celui de Barthélemy, intitulé *de Proprietatibus rerum*, est divisé en dix-neuf livres, qui embrassent non seulement toute la nature physique, mais tout le monde intellectuel. C'est dans le cours de chaque livre que sont classées alphabétiquement toutes les matières qui le composent. Ainsi est sauvé le défaut des rapprochements excessivement incohérents, que présenterait la disposition alphabétique appliquée à la totalité de l'ouvrage.

Le père Corbichon le traduisit en 1372, comme le prouve le titre de sa traduction, d'après le manuscrit de la bibliothèque du roi, n° 6869 : « Ci commence le livre des proprietez des cho-
« ses, translate de latin en françois, l'an
» soixante et douze, par le commandement du
» roy Charles-le-Quint, en ce nom regnant en
» France. Et le translata maistre Jehan de Cor-
» bichon de l'ordre Saint-Augustin. » Ce titre détruit l'effet de la marque d'humilité donnée par l'auteur au commencement de son *prologue:*
« A très hault et très puissant prince Charles-
» le-Quint de son nom, par la digne pourveance
» de Dieu roy de Francs, paisible seignourie
» soit donnee de cellui par qui les roix si re-
» gnent; et de par le translateur de ce livre,
» qui, pour cause de sa petitesse, nommer ne
» se doit, soit offerte et presentee honneur, re-

» verence, subgection et obeissance en tous ses
» commandemens sans contredit. »

La première miniature de ce beau manuscrit est un cartouche divisé en quatre sujets, dont le premier représente le Père Corbichon à genoux devant le roi Charles V, qui, d'une main, lui remet le livre de Glanvil, et de l'autre tient un long rouleau sur lequel sont écrits ces deux vers explicatifs :

> Du livre les proprietez
> En cler françois vous translatez.

La traduction de Corbichon était encore appelée *le Propriétaire de toutes choses*, *le grand Propriétaire*, ou simplement *le Propriétaire*, titres significatifs, indiquant que ce livre vous mettait comme en possession de tout ce qu'on pouvait savoir. Il eut le plus grand succès en France, à en juger par les nombreux et superbes manuscrits qui nous l'ont conservé. Quelques-uns datent même du premier fonds originaire de la bibliothèque du roi, puisque cette magnifique collection de livres, la plus belle de l'Europe, remonte justement à Charles V; car c'est seulement depuis ce prince que les meubles et le trésor particulier des rois, dont leurs livres faisaient partie, ont cessé d'être partagés après leur mort entre leurs domestiques, et sont restés propriété de la couronne, s'accroissant ainsi à chaque règne.

Le roi fut très-satisfait du travail de son chapelain, auquel il fit remettre par son maître d'hôtel, nommé Chanteprime, une gratification qui figurait dans les comptes de cet officier, conservés encore en 1789. Le Père Corbichon paraît avoir été en effet un des bons écrivains de son temps; mais une chose assez choquante dans cette traduction, comme dans celles des autres ouvrages du même genre, c'est que l'ordre alphabétique suivant lequel sont rangés les chapitres de chaque livre, d'après le nom latin de la chose dont le chapitre traite, n'est pas remplacé par l'ordre alphabétique français, comme ce devait être pour rendre la traduction aussi commode que l'original. Mais toutes les fois que le mot français commence par une autre lettre que le mot latin dont il est l'équivalent, le traducteur en avertit le lecteur par une observation préliminaire. Ces répétitions, sans être aussi fréquentes qu'on pourrait le croire d'abord, puisque la langue française est presque toute latine, ne laissent pas pourtant de fatiguer.

Pour donner une idée de ce moyen un peu trop simple, voici les premiers mots du sixième chapitre, dix-septième livre, intitulé *du Porc sauvalige* : « Le porc sanglier est en latin appelle » aper, et pour ce, est-il cy mis entre les bestes » dont les noms se commencent par a. » Au huitième chapitre du même livre, intitulé *des Serpens qui s'entorteille* : « Toute serpent qui se ploie » et s'entorteille est en latin appelee anguis, et » pour ce en sont cy mises les proprietez entre » les bestes dont les noms se commencent par » a. » Il est vrai qu'obligé de rendre souvent, comme ici, un mot latin par une périphrase, il jugea peut-être difficile de substituer un ordre alphabétique français à l'ordre latin.

Quoi qu'il en soit, jamais ouvrage ne remplit mieux son but que la *translation* de Corbichon; car, outre les nombreux manuscrits qui nous l'ont conservée, elle est encore citée dans une foule d'ouvrages des xv$^e$ et xvi$^e$ siècles, et ç'a été un des premiers livres sur lesquels se soit exercé l'art de l'imprimerie. Il en existe quatre éditions du xv<sup>e</sup> siècle et cinq du xvi<sup>e</sup>, en tout neuf, dont cinq à Lyon, trois à Rouen et une à Paris. La plus ancienne est de Lyon, chez *honorable home maistre Jehan de Cyber, maistre en l'art de impression*. C'est même une des antiquités typographiques les plus estimées.

SUR

# LE TRÉSOR DE LA LANGUE GRECQUE

DE HENRI ESTIENNE.

Depuis long-temps, faire un dictionnaire, c'est publier le meilleur des dictionnaires précédents, en rectifiant quelques définitions, choisissant de meilleurs exemples et ajoutant un certain nombre de mots. Cette opération souvent répétée, donnant, chaque fois, un résultat supérieur au résultat précédent, a fini par nous procurer des dictionnaires à peu près complets sur toutes les langues les plus répandues. Mais le plus ancien de ces ouvrages, celui qui forme le premier anneau de cette chaîne de perfectionnements successifs, quelque incomplet qu'il fût, supposait plus de travail et de recherches de la part de son auteur qu'aucun des suivants. La langue grecque et la langue latine ont eu cela de particulier que, pour chacune d'elles, ce premier travail a produit un chef-d'œuvre, tel que, malgré cette succession de progrès propres aux travaux lexicographiques, il est encore à faire dans la plupart des autres langues. Deux hommes que la France doit compter avec orgueil parmi ses plus grandes illustrations, Robert Estienne et Henri, son fils, sont les auteurs de ces étonnants ouvrages. Celui de Robert est le *Thesaurus linguæ latinæ*, en deux volumes grand in-folio, imprimé à Paris en 1543, et contenant quinze cent cinquante pages d'impression à deux colonnes. Voici ce que disait de ce travail feu M. Firmin Didot.

« Il engagea plusieurs personnes à se charger de la composition de ce dictionnaire : il offrit même de fortes récompenses pour un pareil travail, mais ce fut en vain : on n'avait pas alors le secours des index qui facilitent les recherches. Il fallait, pour retrouver les passages des auteurs, les chercher dans sa mémoire et user, comme il en fit l'expérience, les livres à force de les feuilleter. Enfin, sentant la nécessité urgente d'un tel ouvrage pour l'éducation publique, il prit le parti de l'exécuter lui-même et donna aux savants le *Trésor de la langue latine*. Mais il pensa succomber à ce pénible travail, qu'il avait accompli en deux ans, s'en occupant nuit et jour*. »

Ce que nous venons de rapporter sur Robert Estienne, pour le latin, s'applique pour le grec à son fils, qui, élevé avec les plus grands soins par un tel père, fut un véritable prodige. Nous rappellerons ici ce que nous disions nous-même sur les travaux de ce grand homme : Il semble avoir surpassé les forces ordinaires de l'homme, à considérer comment, dans le cours d'une vie sans cesse agitée, se mêlant d'affaires politiques et religieuses, dirigeant son imprimerie, dont il corrigeait lui-même toutes les épreuves grecques, il a pu mettre fin à ce travail immense du *Thesaurus linguæ græcæ*, et publier plus de cinquante autres ouvrages latins, sans compter des notes sur plus de trente auteurs grecs ou latins, et des traductions latines de plus de douze auteurs grecs.

\* *Observations littéraires et typographiques sur Robert et Henri Estienne*, insérées à la suite des *Poésies et Traduction en vers* de Firmin Didot. — Paris, 1826; in-12, page 194.

Mais l'étonnement que causent d'aussi vastes travaux est à son comble, lorsqu'on voit ce même homme traduire en français des livres de tous les principaux auteurs grecs, et composer plus de vingt ouvrages dans notre langue, qu'il passait pour parler et écrire aussi bien qu'homme de son temps [*].

Dans les ouvrages écrits par Henri Estienne et imprimés chez lui, tout, absolument tout, était de lui, jusqu'aux poinçons destinés à la fonderie des caractères, lesquels étaient gravés d'après des lettres tracées de sa main; car son écriture, dont il reste de nombreux échantillons à la bibliothèque du roi et ailleurs, peut être comparée à celle du célèbre calligraphe crétois Ange Vergèce, que François Ier avait fait venir en France, et dont l'écriture servit de modèle aux premiers poinçons grecs gravés par ordre de ce prince. J'ai eu occasion d'en faire, plus d'une fois, la comparaison.

Le *Thesaurus* de Henri Estienne n'avait ja-

---

[*] Voyez l'ouvrage intitulé *Recherches sur les Sources antiques de la Littérature française.* — Paris, Crapelet, 1829. in-8°, partie I, page 114.

mais été réimprimé\*, lorsqu'en 1815 le libraire Valpy, à Londres, en commença une nouvelle édition qui fut terminée en 1829. Telle fut l'estime que le monde savant fit de cette entreprise, que la nouvelle édition, dont le prix était de douze cents francs l'exemplaire, obtint, dès son apparition, mille quatre-vingt-six souscripteurs.

En 1830, MM. Firmin Didot frères en ont commencé une troisième. Ici quelques explications ne sont pas inutiles. Henri Estienne portait dans les matières qu'il traitait ce coup-d'œil perçant et original d'un génie supérieur qui sait s'approprier un sujet par un point de vue neuf et saillant, sa création à lui. C'est ainsi qu'il vit dans cette langue grecque, si prodigieusement riche, et dont il réunit plus de cent mille mots\*\*,

---

\* M. Ambroise Firmin Didot a examiné, dans une savante dissertation, la question bibliographique relative à l'opinion qui supposait deux éditions données par Henri Estienne lui-même, et il a prouvé que c'était une erreur basée sur l'impression simultanée, à Paris et à Genève, des premières feuilles de l'ouvrage, et d'un titre offrant quelques différences.

\*\* Le Dictionnaire de l'Académie française en compte à peine quarante mille.

un nombre assez restreint de formes primitives ou racines, souches communes d'un nombre égal de familles, méthode aussi ingénieuse que commode pour la mémoire de l'étudiant. Il employa ainsi, pour l'étude du grec, ce système de classification, qui, plus tard, appliqué d'une manière plus heureuse et plus complète à une science qui s'y prêtait davantage, devait faire la gloire du suédois Linné, porter l'ordre et la clarté dans toutes les branches des sciences naturelles, et s'étendre presque à tout. Car ces classifications, ingénieuses fictions de l'esprit philosophique, se sont appliquées, de nos jours, aux sciences les plus différentes.

Henri Estienne réduisit donc à environ trois mille familles tous les mots de son vaste dictionnaire. Les peines et les recherches que lui causa un pareil travail furent, peut-être, pour un esprit comme le sien, l'attrait principal qui contribua à le soutenir dans cette tâche immense. Mais quoiqu'il y ait entre les mots de la langue grecque des rapports étymologiques plus marqués que dans d'autres langues, que dans la nôtre, par exemple, cependant pour compléter un tel système d'étymologie, on ne peut se dissimuler qu'il fallait souvent hasarder des explications dont les plus ingénieuses sont quelquefois les moins fondées. C'est ce qu'a prouvé, dans ces derniers temps, l'étude des langues antérieures à la grecque : l'on y a retrouvé les véritables racines de plusieurs mots auxquels Henri Estienne avait donné à tort pour racines d'autres mots grecs. Néanmoins, sa méthode a quelque chose de bien ordonné qui séduit; et d'ailleurs, des efforts qu'il fit pour l'exécuter, jaillirent presque à chaque mot de petites dissertations nourries d'une forte érudition, et qui sont, pour la plupart, des modèles de critique verbale.

Il faut dire cependant que cette méthode a introduit dans l'université de France un usage qui y subsiste encore, celui de faire apprendre les racines grecques et de les faire considérer comme la base de la langue : usage qui, au dire de plusieurs savants hellénistes, serait l'une des causes de notre infériorité dans cette partie des études.

Le plan suivi par Henri Estienne a encore l'inconvénient de rendre son *Thesaurus* moins commode pour l'usage qu'un dictionnaire disposé dans cet ordre habituel où le hasard assigne aux mots leur place d'après le rang que tient leur première lettre dans l'alphabet, au lieu de cette classification étymologique qui plait à l'intelligence, en rapprochant les mots par les idées. Henri Estienne apporta à cet inconvénient le seul remède possible, qui était de faire suivre le premier dictionnaire d'un autre qui contînt tous les mêmes mots dans l'ordre alphabétique, avec l'indication de la page et de la partie de la page où le mot était expliqué. De cette manière il faut presque toujours chercher deux fois.

Cette table, ou index, que j'ai appelée second dictionnaire, forme la seconde partie du cinquième volume, intitulée : *Appendix libellorum ad Thesaurum græcæ linguæ pertinentium*, et qui contient d'abord les traités suivants, en grec :

1º Des dialectes grecs, par Jean le Grammairien ;

2º Un autre traité sur le même sujet, par Grégoire de Corinthe ;

Deux extraits de Plutarque, dont :

3º L'un, sur l'usage qu'a fait Homère des différents dialectes ;

4° L'autre, sur l'emploi des figures dans le même poète ;

5° Un traité des figures de mots par le grammairien Tryphon ;

6° Une liste des mots qui ont un accent différent selon la différence de leur signification, par Philoponus ;

7° Un traité d'Ammonius sur ce qu'on appellerait aujourd'hui les *synonymes*;

8° Un traité sur les termes de tactique et sur les dénominatious des officiers, par Orbicius.

9° Une longue table des verbes irréguliers, par Henri Estienne ;

10° Un traité des chiffres, par Hérodien ;

11° Un traité des poids et mesures des Grecs, par Galien, auquel sont joints deux autres traités sur la même matière, l'un par Cléopâtre, l'autre par Dioscoride, avec la traduction latine, par Henri Estienne ;

12° Un traité latin d'Henri Estienne sur le même sujet ;

Vient ensuite l'index alphabétique, qui comprend 1723 colonnes [*].

---

[*] Il y a deux colonnes à chaque page. En comparant la contenance de ces deux colonnes avec celle des pages d'un in-8°

Le véritable dictionnaire comprend quatre volumes, formant en tout 6,273 colonnes. Au commencement du premier volume sont les pièces suivantes :

1° Deux épigraphes, l'une grecque, l'autre latine, et les extraits de trois priviléges, dont deux accordés par l'empereur Maximilien II pour toute l'étendue de l'empire, et un par Charles IX pour la France ;

2° La dédicace aux princes suivants : Charles IX, roi de France ; Elisabeth, reine d'Angleterre ; Frédéric, comte palatin du Rhin ; Auguste, duc de Saxe ; Jean George, marquis de Brandebourg ; et aux plus illustres académies des états de ces souverains ;

3° La liste des auteurs cités ;

4° La préface de Henri Estienne ;

Puis trois éloges de la littérature grecque, dont :

5° Le premier, par Scipion Cartéromaque ;

ordinaire d'aujourd'hui, on trouve qu'une colonne représente au moins trois pages in-8°. En faisant l'addition des colonnes de tout l'ouvrage, on voit qu'il faudrait, pour en représenter le contenu, cinquante-quatre volumes in-8° de 500 pages chacun.

6° Le second, par Marc-Antoine Antimaque;

7° Le troisième, par Conrad Herbasch.

Viennent ensuite, dans un sixième volume deux *glossaires* ou recueils de mots plus rares, que les grammairiens nous ont appris être d'origine étrangère ; car c'est là le sens que les grammairiens donnent au mot γλῶσσα *(glossa)*. L'un de ces glossaires est latin-grec, l'autre grec-latin. De plus, des extraits de plusieurs anciens lexiques grecs, et un traité du dialecte attique par Henri Estienne. Ce traité comprend à lui seul cent quarante-six pages (sans division par colonnes). La première partie, où sont les glossaires, est de six cent soixante-six colonnes.

Tel est l'ouvrage que Henri Estienne publia en 1572, sans autre secours imprimé antérieur que les *Commentaires de la langue grecque* de Budé. Ce savant parisien avait jeté pêle-mêle, dans un volume in-folio, au fur et à mesure de ses lectures, d'excellentes observations sur les véritables acceptions de beaucoup d'expressions grecques. Henri Estienne en fit passer la substance dans son *Thesaurus*, en rendant toujours un éclatant hommage à Budé.

Comme un désir insatiable d'instruction faisait faire tous les jours à Henri Estienne de nouvelles lectures, il plaça à la fin des deux premiers volumes des *adjicienda*, et, de plus, introduisit dans l'index alphabétique un assez grand nombre de mots qu'il avait découverts depuis l'impression du dictionnaire.

Le *Trésor* de Henri Estienne fut, comme on le pense bien, la source médiate ou immédiate des nombreux dictionnaires grecs qui ont paru depuis, soit en latin, soit dans les langues modernes. Seulement on peut affirmer que les meilleurs y recoururent toujours directement et sans intermédiaire.

Les éditeurs anglais, malgré les nombreuses additions de mots que les savants leur envoyèrent de toute l'Europe[*], ne donnèrent pas à l'œuvre d'Estienne ce degré de perfection qui doit caractériser une édition nouvelle. Au contraire, ils y introduisirent un grand désordre par le peu de soin qu'ils mirent dans la répartition des richesses qui leur arrivaient de tous

---

[*] M. Boissonade en envoya, pour sa part, environ douze mille.

côtés. Ainsi, comme dans les nouveaux aperçus sur la signification des mots déjà connus, qu'envoyaient beaucoup de savants, il devait se trouver tout naturellement et assez fréquemment les mêmes exemples, les mêmes citations, il est arrivé que les personnes chargées de mettre en œuvre ces matériaux, conservant trop religieusement dans son intégrité l'envoi de chacun, ont souvent répété trois et quatre fois la même chose. De plus, parmi ces mots que Henri Estienne, après son travail principal, ajouta dans l'index alphabétique, les uns sont reportés à leur place dans le corps du dictionnaire, les autres restent dans cet index. Les *addenda* sont imprimés à part, les glossaires de même; en sorte que ce que fit Henri Estienne jusqu'au dernier moment, par les seuls moyens qui lui restaient pour donner à son édition toute la perfection qui dépendait de lui, est devenu dans l'édition anglaise une source d'imperfection par la négligence des éditeurs.

M. Firmin Didot a donc cherché non seulement à éviter les fautes des éditeurs anglais, mais à remédier aux inconvénients qu'une expérience de deux siècles et demi avait fait reconnaître dans l'édition primitive. Pour arriver à cette double amélioration, d'une part il adopte l'ordre alphabétique; de l'autre, il fond dans le corps du texte tous les suppléments d'Estienne et toutes les additions postérieures. « Cependant (dit son prospectus, au sujet de l'ordre étymologique), afin de ne rien laisser à perdre, même sur ce point, du travail de Henri Estienne, travail prodigieux qui lui causa tant de peine, ainsi qu'il le dit lui-même, et de ne faire que ce qui semble nécessaire, nous ajouterons à la fin de notre nouvelle édition la table étymologique des mots, selon l'ordre présenté par Henri Estienne. »

Nous n'ignorons pas que, malgré cette sage précaution, beaucoup de lecteurs n'ont pas su à MM. Didot tout le gré qu'ils espéraient du remaniement alphabétique. Pourtant si jamais une entreprise, par les dépenses et les soins de tout genre qu'elle a causés à ses éditeurs, mérite d'être encouragée, c'est bien celle-ci. M. Didot, après en avoir mûri le plan avec M. de Sinner, désira qu'elle obtînt, aux yeux de l'Europe savante, la garantie d'un nom respecté de tous. Il proposa donc à M. Hase de prendre la direction de tout l'ouvrage. Mais M. Hase voulut auparavant que le plan en fût soumis à l'académie des inscriptions et belles-lettres, qui, l'ayant fait examiner par une commission spéciale, l'approuva le 29 mai 1829.

Les grandes connaissances bibliographiques et les nombreuses relations littéraires de M. de Sinner furent les éléments principaux d'une richesse de matériaux qui donna aux premières livraisons de notre nouvelle édition française un développement immense, dont on a, depuis, reconnu l'excès, par l'impossibilité de continuer sur une telle échelle.

Les rédacteurs des trois premières livraisons sont MM. Hase, de Sinner et Fix. La quatrième n'a été rédigée que par MM. Hase et Fix, qui ont eu pour collaborateur dans la cinquième M. Tafel, professeur de l'université de Tubingue. Le reste des nombreux matériaux sur l'*alpha* a été confié à MM. Dindorf, professeurs à Leipsig, mais qui ne publieront cette partie de l'ouvrage, que lorsque la rédaction sera parvenue, à peu près, à la moitié de l'alphabet. C'est le seul moyen que puisse employer M. Didot, pour empêcher soit une contrefaçon, soit un extrait.

Le second volume, en six livraisons, contient les lettres *bêta*, *gamma* et *delta* complètes. Les deux premières livraisons du troisième volume sont formées par le commencement de l'*epsilon*, et le quatrième comprendra le *zêta*.

Tous ces volumes sont rédigés par MM. Dindorf, et enrichis ensuite par M. Hase d'additions, dont il est parfaitement inutile de qualifier le mérite, surtout pour ceux qui savent combien de personnes ont mis à profit ses savantes et libérales communications.

De la sorte, on pourra arriver en quelques années à la fin de l'édition alphabétique du *Trésor de la langue grecque*. Mais la vue de toutes les difficultés que MM. Firmin Didot ne peuvent surmonter qu'avec la plus louable persévérance augmente encore notre admiration pour cette puissance extraordinaire d'action, que le grand Henri Estienne avait trouvée dans son génie supérieur.

LES

## MAXIMES DE LA ROCHEFOUCAULD,

ET LES

## DEVOIRS DES HOMMES,

DE SYLVIO PELLICO,

TRADUITS EN GREC MODERNE.

## POÉSIES

GRECQUES MODERNES D'ATHANASE CHRISTOPOULOS,

TRADUITES EN FRANÇAIS.

---

Les maximes qui reposent sur l'observation sont presque toujours plus curieuses qu'utiles ; il n'en est pas de même de celles qui sont fondées sur l'autorité du devoir. Quant aux premières, on ne les apprécie réellement qu'après en avoir vérifié la vérité par soi-même. On se dit alors : C'est bien vrai, j'en sais quelque chose ; et la maxime sert à nous retracer à nous-même, d'une manière nette et concise, notre propre observation. Un bon esprit peut ainsi, après chaque expérience faite à ses propres dépens, prendre au moraliste la maxime qui résume cette expérience, afin d'en profiter plus sûrement. C'est là, il nous semble, le moyen de mettre à profit ces ouvrages : ils ne guident pas la conduite, mais ils la résument, en aidant chacun à appliquer son passé à son avenir.

Alors les belles sentences paraissent fécondes ; on y voit des causes et des effets qu'on n'y avait pas soupçonnés.

Un des auteurs qui offrent le plus de ces maximes d'application, est La Fontaine. Il est vrai que la place qu'elles occupent dans ses fables leur donne quelque chose d'animé, tenant le milieu entre les sentences purement spéculatives des moralistes, et les enseignements de la comédie.

C'est sous les replis les plus cachés du cœur humain, que La Rochefoucauld a dirigé ses pénétrantes et profondes investigations. Il y a bien dans le noble et brillant philosophe un assez grand nombre de maximes, dont l'application, pour être juste, doit être faite à la haute société de son temps, et surtout aux femmes de cette cour, où l'on avait fait de la galanterie une occupation dominante et une véritable science ; mais plus de la moitié des maximes de La Rochefoucauld porte à nu sur le cœur humain, et ne peut vieillir.

Au reste, de tels auteurs semblent trop profonds pour être populaires ; leurs aperçus les plus frappants sont sans application pour la conduite. Souvent même l'extrême raffinement de leur pensée, en soumettant toutes les vertus à une trop minutieuse analyse, arrive à les anéantir, et à ne mettre de différence entre le bien et le mal, que dans les nuances diverses de l'égoïsme (car l'on désigne ainsi aujourd'hui ce que La Rochefoucauld appelle amour-propre). Un moraliste trop subtil devient par là un docteur d'immoralité.

Chaque peuple, avant ces livres-là, et même avant tous les autres, a dans ses proverbes des maximes plus sûres et toutes d'application. Aussi, les proverbes de tout temps offrent une étude philosophique des plus intéressantes aux meilleurs esprits. Mais il est des peuples plus sentencieux que d'autres. On sait que tels sont, en général, les Orientaux : ils font un plus grand usage que nous de proverbes usuels, et, de plus, les recueils de maximes tiennent une place très-considérable dans leur littérature. Il semble que les Grecs, placés sur la limite de l'Orient et de l'Occident, participent davantage de l'Orient par leur goût pour les sentences. C'est aux écrivains moralistes que s'attachèrent de préférence les littérateurs grecs, qui, dès le commencement de ce siècle, préludaient déjà à l'affranchissement de leur patrie en appliquant à des traductions leur langue riche et flexible. Fontenelle fut un des premiers traduits et des plus goûtés.

L'école spéciale des langues orientales près la bibliothèque du roi a trouvé quelquefois, dans les grands événements contemporains, les causes d'une sorte de popularité pour quelques-uns de ces cours dont la profonde érudition semble ordinairement réservée à l'attention forte et studieuse d'un auditoire d'élite. Tel fut sur l'Arabe l'effet de notre expédition d'Alger, sur le Grec moderne l'héroïque affranchissement de ce peuple aux grands souvenirs. Le cours de M. Hase joignait alors un intérêt de circonstance à la merveilleuse érudition de cet illustre professeur. Tous ceux qui y ont assisté à cette époque ne se rappelleront pas sans émotion l'effet que produisait l'annonce des succès ou des revers des Grecs, au milieu des doctes excursions de M. Hase dans les trente siècles de cette belle langue qui leur est arrivée sans interruption depuis Homère.

Ce fut alors qu'un des plus jeunes, et aujourd'hui l'un des plus savants auditeurs de ce cours, M. Wladimir Brunet, entreprit la traduction grecque moderne des *Maximes de La Rochefoucauld*. « Je commençai ce travail, dit-il dans sa préface, après la chute de Missolonghi, et je le terminai alors que retentit le canon de Navarin. » Cette version, écrite avec infiniment d'élégance et de fidélité, fut revue par un vieux réfugié de Patras, nommé Theocharopoulos, qui avait été précepteur des princes Ypsilantis, et que toutes les personnes cultivant alors le grec moderne se rappelleront très-bien avoir vu avec sa double robe, ses moustaches blanches et son air de gaîté. C'était un vieillard singulier par l'étrangeté de ses remarques sur tant d'objets nouveaux qui venaient frapper ses regards au déclin de sa carrière. Du reste, il possédait toutes les finesses de sa langue dans une véritable perfection. M. Brunet eut recours à lui pour ôter à sa traduction tout ce qui pouvait sentir l'étranger ; en sorte qu'il est impossible de trouver dans toute la littérature grecque moderne un ouvrage écrit avec plus de soin. Le traducteur l'accompagna d'un texte anglais, et MM. Firmin Didot disposèrent ce triple texte d'une manière commode et agréable à l'œil. Cette belle édition trilingue de La Rochefoucauld, dédiée à M. Hase, obtint en Grèce un succès mérité ; et certainement un Anglais, un Français ou un Grec, qui voudrait étudier avec fruit et agrément l'une des deux autres langues, ne pourrait choisir un livre plus convenable à ce dessein.

M. Wladimir Brunet vient d'acquérir un nouveau titre à la reconnaissance des Hellènes, en contribuant à leur donner une traduction du divin livre des *Devoirs* de Sylvio Pellico. Il s'est réuni pour ce travail à l'un des premiers élèves de M. Hase, M. Dehèque, auteur du Dictionnaire grec-moderne et français, et d'autres ouvrages estimés des connaisseurs. Ces deux Hellénistes distingués pardonneront à un de leurs condisciples d'apprendre au public les véritables noms que cache le pseudonyme de Cébès le Thébain. On sait que cet ancien philosophe, disciple de Socrate, avait composé sur la morale un livre qui fut admiré de l'antiquité, ce qui lui fit attribuer plus tard le *Tableau de la vie humaine* qui nous a été conservé sous son nom, et que l'on a joint au Manuel d'Épictète.

Les traducteurs grecs de Sylvio Pellico ont mis en tête de leur traduction, au lieu de préface, un dialogue tout-à-fait dans le goût socratique, genre toujours en grande faveur chez les Grecs d'aujourd'hui, qui ont conservé, chose bien remarquable après tant de siècles, toute la tournure d'esprit de leurs ancêtres. Ce dialogue a lieu aux Champs-Élysées entre Socrate et plusieurs de ses disciples. C'est Cébès qui est supposé en faire le récit, à la manière de Platon. Voici comme on en peut traduire le début : « Nous venions de célébrer, avec Apollodore, Simmias, Platon et d'autres amis de Socrate, l'anniversaire du jour dont le Phédon a immortalisé la mémoire, lorsqu'arriva dans l'Élysée un jeune martyr de la liberté, qui, consolé par une amitié illustre, et comme initié aux secrets de l'avenir, était mort sans maudire ses juges. Il pressait sur son cœur un livre qu'il nous présenta avec une joie rayonnante. Ce livre était intitulé : *des Devoirs*, par Sylvio Pellico. »

Les auteurs de ce prologue ont probablement pensé là au comte Oroboni, ce sublime jeune homme dont Sylvio Pellico, dans ses *Prisons*, raconte la mort avec une si touchante éloquence. Cébès donne lecture du livre qu'il apporte. Grande admiration parmi ces sages. Socrate se livre alors à quelques réflexions dont l'expression grecque, pleine d'atticisme, dénote des écrivains à qui Platon est familier. Cébès reprend ensuite :

« Socrate, lui dis-je, un livre où l'on montre si bien que la liberté est le patrimoine impérissable de l'homme, mais que ce patrimoine doit être administré par des mains pures et justes, et qu'il faut fortifier et embellir l'indépendance et les droits de la société par la vertu du citoyen, ne serait-il point utile à la Grèce, notre chère patrie, qui s'est régénérée et affranchie par les armes ? Je réclame la bonne action de le traduire et de le publier. C'est un privilége qu'on peut accorder à l'auteur du *Tableau de la vie humaine*, et comme une consolation de la perte de son livre. — Sans doute, reprit Socrate; mais pour que le bienfait soit complet, il faut que ce livre, fait pour tout le monde, soit traduit dans la langue populaire. Les réformateurs de la langue font sans doute de l'idiome grec un des plus beaux dialectes de la langue ancienne; mais sois modeste, Cébès, et contente-toi du langage vulgaire, que d'ailleurs j'ai toujours aimé, comme tu le sais, même au temps du plus pur atticisme.

» Le voilà donc, cet ouvrage, ô mes chers concitoyens, cet ouvrage qui est comme le résumé de la vie d'un juste, comme le testament moral d'un confesseur de la vérité, et comme le sceau de l'alliance de la liberté avec la morale; qui, à tous ces titres, a droit d'être compté parmi ces livres qu'une main mystérieuse apporte, et dont une voix du ciel dit : Prends et lis.

» Cébès de Thèbes. »

Cette fiction est ingénieuse, noble et parfaitement à sa place. C'est un préambule qui n'est pas indigne du livre qu'il précède; je n'en puis rien dire de plus honorable. Les Grecs trouveront d'ailleurs dans cette introduction de leur goût un attrait pour l'ouvrage le plus utile sans doute qu'on puisse répandre parmi les hommes, et qui est digne d'être aussi admiré, aussi médité, aussi répandu que l'*Imitation de Jésus-Christ*.

M. Dehèque, avant de se réunir à M. Brunet pour cette belle et utile entreprise, avait aussi servi de collaborateur au vieillard de Patras dont nous avons parlé, en traduisant en français un ouvrage grec d'un genre bien différent, les poésies érotiques d'Athanase Christopoulos, le chansonnier chéri des Grecs, et dont le bonhomme Théocharopoulos avait publié le texte. Ces petites pièces de vers sont, pour la plupart, des imitations serviles d'Anacréon, dans un style tout-à-fait populaire, mais plein de grâce et de douceur dans sa familiarité. Aussi M. Dehèque dit avec beaucoup de justesse dans sa préface : « C'est peut-être moins comme poète que sous le rapport de la philologie que Christopoulos trouvera chez nous des lecteurs. C'est comme écrivain, et pour le style, c'est comme pouvant nous donner une idée précise de l'état de la langue grecque usuelle et familière, et comme représentant tout un système grammatical, que Christopoulos nous semble surtout digne d'étude et d'observation. »

On conçoit que la traduction d'un pareil ouvrage était une œuvre bien ingrate. Pourtant, dans ces petites peintures anacréontiques, il y a un laisser-aller voluptueux et oriental, qui se retrouve encore après le terrible passage de ces petits vers si faciles dans la prose d'une autre langue. En voici un court échantillon : « Dans le jardin des Grâces, l'Amour était avec moi et certaine jeune beauté ; Bacchus était aussi des nôtres ; nous faisions bonne chère, nous prenions du bon temps, jouant ensemble, riant, causant, criant vive l'Amour ! Bacchus chantait, et l'Amour versait à pleine coupe un breuvage enchanteur, et souvent de son éventail il nous envoyait un vent frais. Pour nous.........
......... Alors vinrent les Grâces, portant toutes trois des cithares dont elles tiraient de doux accords. Lorsqu'elles cessaient de jouer comme pour se reposer, Bacchus reprenait et nous chantait des chants ingénieux. Cédant à cette douce mélodie, ma jeune compagne et moi,

étendus sur un lit de fleurs, nous goûtâmes un profond sommeil, et l'Amour, près de nous, nous rafraîchissait de son souffle léger. »

Christopoulos ne s'est pas toujours contenté de sacrifier aux Grâces, il a quelquefois sacrifié au mauvais goût, témoin le commencement de cette petite élégie : « O tombeau qui renfermes mon amante, prends la plume, écris, je te donnerai pour encre les larmes que je répands. Écris à l'enfer, sombre demeure sans soleil, ce que je vais te dicter : — Enfer inexorable qui dévores le monde, etc. »

On est presque étonné aujourd'hui de revenir avec quelques détails sur ces Grecs qui, il y a dix ans, faisaient battre tous les cœurs, pour qui toutes les belles dames faisaient des quêtes, à qui les arts divers empruntaient leurs sujets, dont l'avenir occupait également le philosophe, l'archéologue, l'homme d'état, le militaire, le poète, l'aventurier. Il est des esprits plus constants, qui, s'étant voués dès lors à l'étude de ce peuple remarquable, n'ont cessé de le suivre dans sa gloire, ses fautes, ses succès, ses revers et ses nombreuses vicissitudes politiques. Ils recueillent avec constance et coordonnent avec soin tout ce qui intéresse cette nation de leur choix ; et, jeunes encore, ils sont ainsi les représentants d'une époque qui semble déjà bien loin de nous.

# NOUVEAUX DOCUMENTS

SUR

# LES MANUSCRITS DE PHÈDRE,

ET RÉSUMÉ

DE LA BIBLIOGRAPHIE DE CET AUTEUR *.

*Habent sua fata libelli :* il n'est peut-être pas d'observations que la critique littéraire trouve plus souvent l'occasion de vérifier, dans l'examen de ce qui a échappé au grand naufrage de l'antiquité classique. Tel poète, dont la gloire est arrivée jusqu'à nous par les mille voix de la renommée, comme Simonide, Anacréon, Ménandre, n'a rien laissé de lui que cette gloire,

---

* Ce morceau a été lu à l'Institut, dans les séances de l'Académie des Inscriptions et Belles-Lettres, des 12 et 19 août 1836.

dont les titres ont péri, à l'exception de quelques courts fragments, épars çà et là. Or, sans vouloir renoncer gratuitement à aucune des parties de l'héritage de l'antiquité, dans l'état où nous le possédons, l'on peut dire cependant que l'on aurait volontiers accepté l'échange de plusieurs poèmes médiocres arrivés jusqu'à nous, contre ces ouvrages fameux qui méritaient mieux d'être immortels. De même, dans les nombreux écrits d'un savant aussi célèbre que Varron, par exemple, il est sans doute plusieurs traités dont les sciences, l'érudition, auraient tiré un profit plus grand que de telle partie des nombreuses productions du fécond Galien, si favorisé par cette fortune capricieuse. Sans doute aussi l'histoire eût acheté volontiers par le sacrifice de plusieurs de ses sources antiques l'assurance de retrouver celles de Théopompe, de Trogue-Pompée. Enfin plusieurs grammairiens, plusieurs mythographes, qui se répètent sans cesse les uns les autres, quelques rhéteurs verbeux, quelques secs abréviateurs, eussent été d'une perte peu regrettable, en comparaison d'un même nombre d'auteurs éminents en différents genres, dont le mérite a été constaté par le suffrage unanime de tant de générations, qui les ont admirés autrement que sur parole.

Pour les bons ouvrages qui nous restent dans un état incomplet (et c'est de beaucoup le plus grand nombre), combien ce que nous en connaissons ne fait-il pas regretter plus vivement ce qui en manque! A quel prix n'aurait-on pas consenti pour compléter les Annales de Tite-Live, de Tacite, les œuvres de Polybe, de Denys d'Halicarnasse!

En voyant aussi plusieurs auteurs médiocres multipliés par l'écriture à une quantité d'exemplaires, et un auteur du premier ordre conservé par un seul manuscrit, dernier souffle de son existence, recueilli heureusement avant qu'il ne s'éteignît comme les autres; en voyant cette inégalité, l'ami de l'antiquité ne peut s'empêcher de reprocher aux copistes du moyen-âge leur manque de discernement. Tandis que des livrets d'école primaire, tels que la Schédographie de Manuel Moschopule [*], sont multipliés presque à l'infini, un seul manuscrit nous

---

[*] La Bibliothèque du Roi possède vingt manuscrits de cet ouvrage.

conserve cet excellent Traité du Sublime attribué à Longin*.

Je pourrais développer par d'autres exemples ces considérations sur la fortune des ouvrages anciens, si mon but n'était de les appliquer à un seul, les fables de Phèdre. C'est ici, du moins, un des heureux accidents de cette capricieuse répartition du sort. Pendant que tant d'écrivains, préconisés par leurs contempo-

---

* C'est le manuscrit de la Bibliothèque, n° 2036, petit in-4°, sur parchemin, du dixième siècle, et d'une très-belle conservation. D'autres manuscrits du même traité, écrits au quinzième et au seizième siècle, sont évidemment copiés sur celui-ci, dont ils reproduisent exactement les lacunes. On peut voir à ce sujet la note de Boivin dans le catalogue des manuscrits grecs de la Bibliothèque, page 435. Le Traité du Sublime a pour titre dans ce manuscrit : Διονυσίου ἢ Λογγίνου περὶ ὕψους. C'est la seule raison que l'on ait eue de l'attribuer à Longin, auquel plusieurs critiques modernes veulent l'enlever pour l'accorder à Denys d'Halicarnasse.

Un des exemples les plus saillants qu'on pourrait encore citer au sujet des ouvrages qui nous sont parvenus par un seul manuscrit est celui des Annales de Tacite, ainsi que nous l'ont fait remarquer MM. Dureau de la Malle et Burnouf père. Cet exemple est surtout remarquable en l'opposant aux soins que l'empereur Tacite avait pris de multiplier les copies des œuvres du grand historien de son nom.

rains, et dont la renommée a continué à se transmettre d'âge en âge, ne nous sont plus connus que par ce concert lointain d'éloges, voilà qu'un manuscrit latin révèle tout-à-coup à Pierre Pithou, en 1596, un talent original et profond avec le nom d'un affranchi d'Auguste, qu'il cherche vainement dans toute la littérature des premiers siècles de notre ère, si l'on excepte cette expression assez incertaine de Martial : *Improbi jocos Phædri* \*. Il est obligé, pour trouver un témoignage positif, d'arriver à un versificateur du quatrième siècle, Aviénus \*\*, après lequel on ne trouve, non plus qu'auparavant, aucune autre mention de Phèdre. Et pourtant ce poète, qui semble arriver pour la première fois à la lumière, peut être comparé, par son esprit vif et ingénieux, aux auteurs les plus fins de son temps. A la finesse il joint un style à la fois clair et précis, où il est impossible de ne pas reconnaître l'âge d'or de la litté-

---

\* Lib. III, épigr. xx, v. 5.

\*\* «.... *Quas Græcis iambis Babrius repetens in duo volumina coartavit; Phædrus etiam partem aliquam quinque in libellos resolvit.*»

*In præfat. fabul. Æsopicarum ad Theodos.*

rature latine. Je ne crois pas, en effet, qu'on puisse assigner à une autre époque des vers comme ceux-ci :

> Est ardelionum quædam Romæ natio,
> Trepide concursans, occupata in otio,
> Gratis anhelans, multa agendo nihil agens,
> Sibi molesta et aliis odiosissima *.

Comment donc cette antiquité, si sensible aux charmes de l'élocution, et qui peut-être aussi aimait plus que nous les préceptes moraux sous toutes les formes, put-elle laisser passer presquei naperçu l'élégant fabuliste ? Comment un auteur dont la découverte fut un événement littéraire à la fin du seizième siècle paraît-il avoir été inconnu à ses contemporains ? Nous ne savons ; mais telle fut la première remarque à laquelle donna lieu la publication de Phèdre. Les sceptiques en rapprochèrent la grande érudition de Pierre Pithou et sa connaissance approfondie de l'antiquité. Peut-être même la célébrité de la *satire Ménippée*, à laquelle ce grand magistrat avait pris tant de part **, disposa-t-elle les

---

\* Lib. II, fab. 5.

\*\* Il est auteur de la harangue de M. d'Aubray pour le

lecteurs du temps à la supposition d'une ingénieuse fiction littéraire, même lorsqu'elle n'aurait plus, comme cette fameuse satire, une importance et un but politiques.

La mort de Pierre Pithou, arrivée presque aussitôt après sa publication de Phèdre, l'empêcha de dissiper lui-même ces premiers doutes, et de démontrer l'authenticité de son auteur, comme il lui aurait été si facile de le faire, en donnant sur le manuscrit du dixième siècle, qu'il tenait de son frère François, des détails qui n'auraient plus permis de doute raisonnable. A moins d'une pareille circonstance, ces détails bibliographiques n'étaient pas, comme aujourd'hui, dans les habitudes de l'érudition, dont le vol plus élevé semble avoir dédaigné le terre-à-terre de ces accessoires.

Toutefois l'authenticité des fables de Phèdre ne tarda pas à être corroborée d'une preuve nouvelle par la publicité que le P. Sirmond, jésuite, appela sur un manuscrit qui existait dans la bibliothèque bénédictine de Saint-Remy de Reims. Nicolas Rigault, à qui Sirmond remit

tiers-état. C'est la plus considérable des harangues de la satire.

les variantes qu'il avait prises sur les manuscrits de Reims, s'en servit pour l'édition qu'il donna en 1617, et qu'il dédia à l'illustre président Jacques-Auguste de Thou *. Le même Rigault joignit une troisième preuve aux deux précédentes, en faisant connaître ** l'existence de quelques feuilles d'un manuscrit également ancien, sur lesquelles étaient écrites quelques fables du second livre, et qui de Pierre Daniel étaient passées en la possession de Paul Pétau. Voilà tout ce qu'il y a de connu en fait de manuscrits anciens des fables de Phèdre : celui de Pithou, celui de Reims, et le fragment de Daniel. Ils furent connus, comme on voit, presque à la fois, par la publicité que donna au premier l'édition *Princeps* de Pithou.

Mais ici se trouve une longue lacune dans les éditions de Phèdre, qu'on pourrait appeler originales, comme étant publiées immédiatement d'après les manuscrits. Celui de Reims, depuis Sirmond, fut encore examiné par plusieurs personnes***, mais seulement comme objet de

---

* M. de Thou mourut le 7 mai de cette même année.
** Dans les notes de cette même édition.
*** Entre autres, par l'abbé d'Olivet.

curiosité, ou pour le *Querolus* de Plaute, qui y était joint. Quant au manuscrit de Pithou, il était passé, par succession, dans la famille Le Pelletier, où il ne paraît pas avoir été communiqué jusqu'en 1780. A cette époque, M. Le Pelletier de Rosanbo, président au parlement de Paris, en donna communication au P. Brotier; mais, à la négligence avec laquelle ce jésuite en profita, on voit qu'il n'en a pas senti tout l'intérêt littéraire. Déjà, depuis plusieurs années, on n'avait plus le manuscrit de Reims ; car la bibliothèque de Saint-Remy avait été consumée par un incendie en 1774. La fin de ce siècle ayant amené les désastres de la révolution, où périt le président Le Pelletier de Rosanbo, dont les biens furent confisqués, on crut long-temps que le manuscrit de Pithou avait eu un sort semblable à celui de Reims.

Pourtant M. le marquis de Rosanbo, fils du président et chef actuel de la famille Le Pelletier, en rentrant en possession de ses biens, recouvra aussi, par une heureuse circonstance, ce monument de l'illustration littéraire répandue sur sa famille par les Pithou.

Une note de feu M. Barbier ayant porté ce

fait à la connaissance de M. Schwabe de Weimar, ce respectable savant, si honorablement connu par ses travaux sur Phèdre, voulut couronner sa carrière en provoquant l'espèce de résurrection du plus ancien manuscrit de son auteur favori.

Outre la satisfaction qu'un homme dont toute la vie a été consacrée à un seul auteur doit trouver à en faire renaître les textes les plus anciens, cette publication avait réellement pour Phèdre un intérêt particulier. Au silence presque absolu de l'antiquité à son égard s'était encore joint quelque chose de moderne que l'on croyait apercevoir dans la tournure de son esprit. Les preuves multipliées de l'authenticité de ses fables montrent le vague de ce genre de critique. La première preuve se trouve dans l'existence de manuscrits remontant à une époque d'ignorance qui n'aurait pu certainement produire une aussi parfaite imitation, et qui se serait trahie par toute autre trace que le genre de saillies où l'on veut reconnaître l'esprit moderne, faute de rendre peut-être assez de justice à la finesse du génie des anciens.

Du reste, le genre de raisonnement tiré de la

barbarie du milieu du moyen-âge ne pourrait s'appliquer de même à des manuscrits grecs écrits dans l'empire d'Orient, où la civilisation bysantine et les traditions classiques de la haute littérature grecque, pour tout ce qui tient au mécanisme du style, purent produire, vers le dixième siècle, un pseudo-Anacréon, assez ingénieusement versifié pour avoir donné le change à de très-habiles gens. Mais, en Occident, cette même époque est celle de la plus grande barbarie du moyen-âge. L'imitation d'une latinité aussi pure, possible au quinzième ou au seizième siècle, était impossible alors ; et, n'y eût-il d'autres indices, un ouvrage latin de ce style, transcrit au dixième siècle, remonte nécessairement jusqu'au commencement de notre ère.

Cependant, pour ne pas donner trop d'importance à l'édition du *Codex Pithœanus*, il est nécessaire de dire que M. Schwabe avait trouvé très-judicieusement le genre de preuve dont nous venons de parler dans les fables d'un nommé Romulus, dont Vincent de Beauvais a cité vingt-neuf dans son *Speculum doctrinale*. Car il a été impossible de ne pas reconnaître dans la prose de Romulus les lambeaux des vers de Phèdre dont elle est tissue.

Le manuscrit de Pithou est venu confirmer surabondamment cette induction. M. Hase, à qui M. Schwabe s'était adressé pour tâcher d'avoir connaissance du manuscrit, voulut bien l'examiner avec moi chez M. de Rosanbo, et le reconnut pour n'être pas plus récent que le dixième siècle; ce qui m'engagea à le reproduire avec une exactitude scrupuleuse, en y joignant le *fac-simile* d'une page.

L'abbé Pluche avait donné dans son *Spectacle de la Nature*\* un spécimen de quelques lignes de ce manuscrit de Reims, dont le P. Sirmond avait fourni les variantes à Rigault. Mais on ne possédait point un relevé complet de ce texte, et la catastrophe qui avait consumé la bibliothèque de Saint-Remy semblait rendre cette perte irréparable. M. Van-Praet y remédia cependant en me communiquant un volume de la Bibliothèque du Roi, où dom Vincent, bibliothécaire de Saint-Remy, avait lui-même, avant l'incendie, écrit, en marge

---

\* Tome VII, page 244.

des fables imprimées, les variantes du manuscrit de Reims. J'ai joint ces variantes au texte du manuscrit de Rosanbo, dans l'édition que j'en ai donnée en 1830. Mais on va voir tout-à-l'heure qu'il ne serait peut-être pas impossible d'arriver encore plus près du monument lui-même. Poursuivons cependant l'examen des progrès faits par la bibliographie de Phèdre, depuis 1830.

En parlant, dans la préface de mon édition, des seuls manuscrits anciens qui nous ont conservé les fables de Phèdre, je disais du fragment connu sous le nom de *vetus Danielis Chartula*, sur lequel on n'avait alors que des renseignements très-imparfaits : « C'est un des manuscrits dont on peut suivre le mieux l'histoire. » A la mort de Daniel [*], Paul Pétau acheta ce fragment, qui prit le nom de *Petaviensis Codex*. La reine Christine le fit acheter à la vente de Pétau, et le communiqua à Vos-

---

[*] Ces renseignements sont empruntés à une excellente dissertation de M. Adry, où est expliquée même l'origine de ce fragment avant qu'il ne vînt en la possession de Pierre Daniel. J'ai donné tous ces détails de M. Adry dans ma préface, page 20 et suiv.

sius. On sait que les manuscrits de Christine ont passé dans la bibliothèque du Vatican. Celui-ci y est-il encore? n'y est-il plus? c'est une question dont M. l'abbé Mai saurait peut-être donner la solution. »

Si l'illustre bibliothécaire du Vatican n'a pas eu connaissance de ce vœu (comme son silence à cet égard semble l'indiquer), du moins une heureuse coïncidence lui fit publier dès 1831 [*] ce fragment qui se trouvait en effet au Vatican. Il se compose de huit fables du premier livre [**]. Cette publication décida ainsi la question du manuscrit de Daniel, un an juste après que notre édition avait décidé celle du manuscrit de Pithou.

Dans l'exposé dont nous avions fait précéder notre travail, parmi les raisons qu'on avait eues de mettre en doute l'authenticité des fables

[*] Dans le tome III de ses *Classici Auctores e Vaticanis codd. editi.* — Romæ 1831. De la page 310 à la page 314.

[**] En voici les titres : *De Leone et Asino.* — *Cervus ad fontem laudans cornua.* — *Vulpis ad corvum.* — *Canis ad ovem. Lupus testis commodasse contendit.* — *Mulier parturiens ad virum.* — *Canis parturiens ad alteram.* — La septième est sans titre : c'est celle des *Canes famelici.* — *Leo deficiens, aper, taurus, asellus.*

de Phèdre, nous devions une mention à Pérotti, prélat italien du quinzième siècle, qui, dans son commentaire sur Martial, parlait des fables que dans sa jeunesse il avait mises en vers d'après Phèdre et Aviénus, et citait même dans un autre endroit du même commentaire la fable de Phèdre *Arbores in Deorum tutela*. Or on avait voulu en conclure que ce prétendu Phèdre n'était que Pérotti lui-même; mais la découverte faite par d'Orville en 1727 des fables de ce savant prélat donna le mot de l'énigme. « Le manuscrit trouvé par d'Orville, dit M. Adry, était dans le plus mauvais état; des pages entières manquaient; d'autres étaient entamées par l'humidité, et l'écriture paraissait à peine dans quelques endroits. Après le titre*, ainsi conçu : *Nicolai Perotti Epitome fabularum Æsopi, Avieni et Phædri, ad Pyrrhum Perottum, fratris filium, adolescentem suavissimum, incipit feliciter*, se trouvaient ces vers :

> Non sunt hi mei, quos putas, versiculi,
> Sed Æsopi sunt, et Avieni et Phædri.
> Collegi ut essent, Pyrrhe, utiles tibi.

* Je supprime ici l'indication des autres pièces renfermées dans ce manuscrit.

. . . . . . . . . . .
Sœpe versiculos interponens meos
Quasdam tuis quasi insidias auribus.

Ces vers expliquaient tout. Il était évident que Pérotti avait possédé un manuscrit de Phèdre, dont il s'était servi, comme on vient de le voir, et, ainsi qu'il l'ajoute ailleurs, dans sa jeunesse, c'est-à-dire à une époque où l'imprimerie n'était pas encore découverte, puisqu'il fut sacré archevêque de Siponte en 1458[*].

D'Orville fit donc une copie de ce manuscrit mutilé, et l'envoya à Burmann; mais cette copie et l'original participèrent à l'espèce de fatalité attachée aux manuscrits de Phèdre, car l'un et l'autre disparurent jusqu'en 1808; où MM. Cassito et Janelli retrouvèrent à Naples ce manuscrit mutilé, tel que l'avait décrit d'Orville, et éditèrent soixante-quatre fables qu'il contient, dont la moitié sont des fables de Phèdre, données par les manuscrits de Pithou et de Reims, et les trente-deux autres, selon toute vraisemblance, appartiennent à Pérotti, de la

[*] Par conséquent, deux ans seulement après l'impression du psautier de Mayence, le plus ancien livre imprimé dont la date soit connue.

manière qu'il l'explique à son neveu, dans les vers que nous avons cités.

Or monsignor Mai découvrit encore, en 1831, dans le Vatican, un manuscrit complet* et en fort bon état de ces mêmes fables de Pérotti, dont les mutilations, dans le manuscrit trouvé par d'Orville, avaient donné lieu à tant de doctes conjectures, et où s'était exercée à l'envi la sagacité des premiers éditeurs.

M. Orelli, de Zurich, réimprima, cette même année, les deux nouvelles découvertes de M. Mai, non moins heureux à la garde de la Vaticane qu'à celle de l'Ambrosienne. Ces nouveaux titres de l'illustre bibliothécaire auprès du monde savant avaient en effet un intérêt tout particulier pour M. Orelli. Il venait de re-

---

* M. Mai représente ce manuscrit comme un des plus riches et des mieux écrits qu'on puisse voir. Il ajoute ensuite : « Primo autem in folio septem ornatissimi circuli effingun- » tur, quorum medius ac maximus, sic aureis cœruleisque » litteris loquitur : *in hoc pulcherrimo codice continentur* » *nonnulli poetæ latini juniores qui in circumspectis circu-* » *lis sunt annotati.* In his autem circulis legitur : 1. *Chris-* » *tophori Londini Xandra.* 2. *Callimachi* (Veneti scilicet) » *epigrammata.* 3. *Nicolai Perotti epigrammata et fabulæ.* » 4. *Antonii Panormitæ Hermaphroditus*, etc. »

produire mon travail sur le manuscrit de Rosanbo, en y joignant les notes de Bongars conservées à la bibliothèque de Berne. Leur comparaison avec le texte du manuscrit Rosanbo lui prouva que ces notes provenaient d'une collation que le savant éditeur du *Gesta Dei* par *Francos* avait faite de ce manuscrit, alors entre les mains de François Pithou.

La belle édition de M. Schwabe, qui restera, je crois, le travail le plus substantiel sur le fabuliste latin, avait paru en 1806, avant la découverte de M. Janelli. Aucune édition critique de Phèdre n'avait donné comme complément ces fables nouvelles, publiées plusieurs fois séparément. M. Adry avait préparé une édition qui aurait offert cette réunion ; mais la mort l'empêcha de publier son travail, entièrement terminé, et qui se trouve en manuscrit, avec tant d'autres pièces curieuses, dans la bibliothèque de M. Renouard, historien des Aldes. M. Adry, en refusant Phèdre pour auteur aux trente-deux nouvelles fables de Pérotti, a donné de ce refus les raisons les plus détaillées et les mieux déduites, dans un mémoire publié par le *Magasin encyclopédique*; et j'avoue que je ne vois pas celles qui ont engagé, au contraire, M. Orelli à faire de ces fables un sixième livre de Phèdre. Cela est d'ailleurs contraire au témoignage précis d'Aviénus : *Phœdrus etiam partem aliquam quinque in libellos resolvit.* Du reste, en nous permettant d'exprimer cette critique sur une partie de la savante édition de M. Orelli, c'est un devoir pour nous d'ajouter qu'il n'a fait usage de notre travail qu'en nous exprimant hautement une gratitude que nous expliquons par la crainte honnête et délicate de se voir attribuer le moindre mérite qui ne lui appartiendrait pas légitimement. C'est sans doute ce qui lui fait déclarer qu'avant notre travail la confusion de toute cette question littéraire était inextricable. « *Talem in modum*, dit-il, *ut evolvere exitum istarum turbarum unice ope Bergerianæ editionis potuerimus*\*. »

M. Orelli commence sa préface par la liste des manuscrits de Phèdre connus jusqu'à ce jour ; il croit devoir en compter cinq : 1° Ma-

---

\* Jo. Casp. Orelli. — *Phœdri Aug. liberti fabulæ Æsopicæ prima editio critica cum integra varietate codd. Pithœani, Remensis, Danielini, Perottini et editionis principis, reliqua vero selecta.* — Turici, 1831, in-8°, pag. 26.

nuscrit de Pithou ou de Rosanbo, 2° manuscrit de Reims, 3° fragment de Daniel, 4° manuscrit de Pérotti, 5° manuscrit de Douai.

Les deux manuscrits de Pérotti sont du quinzième et du seizième siècle, et nous avons dit que nous ne pouvons attribuer à Phèdre les nouvelles fables qu'ils contiennent.

Quant au manuscrit de Douai, dont on n'avait jamais entendu parler, je m'en suis informé auprès de M. de Tillœul, bibliothécaire de cette ville, et la réponse qu'il m'a fait l'honneur de m'adresser, en montrant là le résultat d'un quiproquo, fera cesser les regrets qu'exprimait M. Orelli de n'avoir pu consulter ce monument.

« Monsieur,

» Une inadvertance inexplicable du docteur Hænel m'a procuré l'honneur de recevoir la lettre que vous avez bien voulu m'écrire le 6 de ce mois. Dans le catalogue assez superficiel des manuscrits qui existent dans les diverses bibliothèques de France, il indique le manuscrit de Phèdre comme se trouvant à la bibliothèque de Douai. La moindre attention de sa part lui eût épargné une erreur aussi étrange, et qui a nécessairement trompé les savants. Le manuscrit qu'il a rencontré à Douai n'est autre que celui des fables latines en vers élégiaques, connues depuis long-temps sous le titre de *Anonymi veteris fabulæ Æsopiæ*. Ces fables sont imprimées dans un grand nombre de recueils d'apologues, etc. »

Pour juger jusqu'à quel point était excusable l'erreur de M. Hænel, je voulus connaître ces fables, qui, jusqu'alors, ne m'avaient pas paru mériter d'attention. Les vers élégiaques de cet anonyme sentent encore plus la décadence que ceux d'Aviénus; on en peut juger par ce commencement de la fable du Loup et de l'Agneau :

*Est lupus, est agnus : sitit hic, sitit ille : fluenti*
  *Limite non uno, quærit uterque viam.*
*In summo bibit amne lupus, bibit agnus in imo.*
  *Hunc timor impugnat, verba monente lupo*, etc.

Nous voilà sans doute bien loin de Phèdre. Aussi le fabuliste anonyme en est un reflet bien éloigné, puisqu'il paraît avoir versifié ses apologues d'après la prose de Romulus, qui est elle-même une dislocation maladroite de la poésie de Phèdre.

Les fables de l'anonyme sont au nombre de soixante *, et furent publiées, pour la première fois, à Ulm, sans date, mais dans le quinzième siècle. J'ai consulté l'édition de Rome de 1483. Chaque fable latine y est suivie d'une imitation italienne, divisée en deux parties égales, la première intitulée *Sonetto materiale*, la seconde *Sonetto morale*. Dans le morceau servant d'épilogue et intitulé *Canzon Finale*, l'auteur de ces vers italiens apprend au lecteur son nom, qui est Zuccho Accio **. C'est de là très-probablement que l'auteur de ces fables est nommé Accius par Jules-César Scaliger. Cet illustre savant, dont le génie transcendant était souvent joint à un goût un peu plus que bizarre, té-

---

* Il y en a soixante-deux dans le manuscrit de Douai.

**   Si el nome mio alcun saper volesse,
     Digli che Accio il proprio nome mio.
     Or va, tene con dio
     E chiaramente mostra la tua arte.
     E si tu trovi in parte
     Chi del pronome mio saper si lagna,
     Respondi el Zuccho da Summapagna.

Le volume n'a pas de pagination; et, comme c'est assez fréquent dans les éditions du quinzième siècle, il reproduit tout un manuscrit formé de la réunion de beaucoup de pièces hétérogènes.

moigne pour cet Accius des transports d'admiration, d'après lesquels on peut supposer que si Phèdre eût été connu de son temps, il l'eût trouvé inférieur; de même qu'il préférait Stace à Homère. Personne, que je sache, n'a partagé l'admiration de Jules Scaliger pour l'auteur de ces distiques, métamorphosés par M. Hænel en fables de Phèdre.

Ainsi les manuscrits anciens de cet auteur se réduisent à trois.

A l'occasion de celui de Reims, nous avons annoncé quelque chose de plus que les variantes transcrites par dom Vincent. On va voir sur quoi reposerait une donnée nouvelle.

A la vente des livres de feu M. Dacier, secrétaire perpétuel de l'Académie des Inscriptions et Belles-Lettres, je devins possesseur d'un exemplaire de Phèdre, édition de Rigault, 1617, auquel sont joints plusieurs autographes et un *fac-simile*.

D'abord, sur le verso du premier feuillet blanc, se trouvent deux notes, l'une de la main de M. Dacier, dans sa jeunesse, lorsqu'il était secrétaire de M. de Foncemagne; elle se trouve ainsi écrite sous la dictée de ce dernier : « La

» bibliothèque de Saint-Remy de Reims possé-
» dait, avant l'incendie qu'elle a éprouvé en
» 1774, un manuscrit de Phèdre autre que ce-
» lui de Pithou. On trouvera, à la tête de ce vo-
» lume, un échantillon de l'écriture du manu-
» scrit qui m'a été envoyé autrefois de Reims
» par dom Vincent, bibliothécaire de Saint-
» Remy. Je n'ai point la lettre par laquelle il
» m'annonçait en même temps un pareil échan-
» tillon de l'écriture d'un manuscrit du *Que-*
» *rolus* \*, qui a péri comme le Phèdre. J'ai
» placé cet échantillon à la tête de mon exem-
» plaire du *Querolus*. Ces deux morceaux sont
» aujourd'hui tout ce qui reste des deux ma-
» nuscrits. »

Au-dessous, de la main de M. de Foncemagne, et à une époque évidemment plus récente,
se trouve cette seconde note.

« *Nota*. Depuis que cette note a été écrite, on
» a recouvré, à la Bibliothèque du Roi, l'exem-
» plaire de Reims, qui avait été tiré de la bi-
» bliothèque de Saint-Remy, long-temps avant
» l'incendie. Il m'a été communiqué : l'écriture

---

\* M. de Foncemagne établit ici une distinction qui n'existait point, comme nous l'expliquons plus bas.

» est la même que l'échantillon ci-joint ; mais
» ce manuscrit est incomplet : les deux der-
» nières fables et l'épilogue du IV⁰ livre, et
» tout le V⁰, y manquent. »

Puis, sur une feuille volante, l'original même de la lettre de dom Vincent dont parle la première de ces deux notes.

« Monsieur,

» Je n'ai point oublié le *specimen* que vous
» m'avez fait l'honneur de me demander de
» notre manuscrit de Phèdre et de la comé-
» die intitulée *Querolus* ou *Aulularia* qui y est
» jointe [*]. Je crois que vous n'aurez point de
» peine à vous persuader que l'écriture est du

---

[*] Ceci est bien formel, et s'accorde avec la notice de dom Vincent, que nous avons publiée, d'après l'almanach de Reims, dans notre édition de Phèdre, page 81. Cette notice est surtout relative au *Querolus*, dont elle constate ainsi l'authenticité. Dom Vincent ayant envoyé à M. de Foncemagne deux *fac-simile*, l'un pour Phèdre, l'autre pour Plaute, M. de Foncemagne, n'ayant plus la lettre sous les yeux, crut que ces deux *fac-simile* se rapportaient à deux manuscrits. Mais, en haut de cette lettre de Dom Vincent, il a écrit : « *Nota.* J'ai placé à la tête de mon exemplaire du *Querolus*

» huitième siècle, ou au plus tard du commen-
» cement du neuvième. J'ai copié, Monsieur,
» ligne pour ligne et le moins mal qu'il m'a
» été possible : j'ai conservé la grosseur de la
» lettre, laquelle varie quelquefois; mais, peu
» accoutumé à ce genre d'écriture, et la plume
» glissant naturellement sur les papiers trans-
» parents, je n'ai pas pu donner à la lettre du
» manuscrit toute la netteté qu'elle présente.
» Du reste, la ponctuation, l'orthographe, etc.,
» tout est exactement copié. Ces papiers
» mêmes forment dans leur longueur la page
» écrite. Que ne puis-je, Monsieur, vous don-
» ner des marques plus étendues et plus cir-
» constanciées des sentiments de mon estime et
» de la reconnaissance que j'ai aux lumières
» que vous avez répandues sur notre histoire !
» J'y joins en particulier mes remercîments
» pour la complaisance avec laquelle vous avez
» bien voulu vous occuper de mes brouillons.

» (édition de 1604) l'échantillon de l'écriture du manu-
» scrit de Reims dont il est parlé dans cette lettre. »

Nous ignorons à qui appartient aujourd'hui l'exemplaire susdit du *Querolus*, auquel se trouve annexé l'autre *fac-simile*, complétant le travail conservateur de dom Vincent.

» J'ai l'honneur d'être, avec une considéra-
» tion respectueuse,
» Monsieur,
» Votre très-humble et très-
» obéissant serviteur,
» L. X. Vincent,
» Bibliothécaire de Saint-Remy. »

A Reims, le 31 octobre 1769.

J'ai bien reconnu dans cette lettre l'écriture de dom Vincent, dont j'avais publié une autre lettre, adressée, le 6 octobre 1776, à l'un des gardes de la Bibliothèque du Roi, en lui envoyant les variantes du manuscrit de Reims. Dans cette dernière, il rappelait par ces mots celle que nous venons de citer, en disant du manuscrit : « J'en envoyai un *specimen* à M. de Foncemagne. »

Enfin ce *specimen* ou *fac-simile* du manuscrit de Reims, qu'il avait calqué avec beaucoup de soin sur un feuillet de papier verni transparent, se trouve aussi dans mon volume, où il est fixé par un fil à un feuillet blanc précédant le titre. Il se compose des neuf premières lignes du manuscrit, puis de deux autres passages pris avec intention dans des places différentes.

L'un est le commencement de la fable *Ovis, Cervus et Lupus;* l'autre est pris dans la fable *Ranæ metuentes taurorum prœlia.* Il est inutile d'ajouter que ce spécimen s'accorde bien avec le texte de ce manuscrit, tel que nous le connaissons d'après les variantes que j'ai publiées *.

* Néanmoins, pour plus d'exactitude, voici la copie exacte de ce que contient ce feuillet transparent, calqué par dom Vincent. Nous conservons même la division des lignes :

FEDRI AUGUSTI LIBERTI LIBER
FABULARUM.

Aesopus auctor quā materiā repperit
hanc ego poliui uersibus senariis;
duplex libelli dos est quod risum mo
uet? et quod prudentis vitā consilio
monet calumniari si quis auī voluerit
quod arbores loquantur non tantū fe
ræ fictis iocari nos meminerit fabulis.

En marge de ce premier extrait, dom Vincent a écrit : « Ce titre et ces premières lignes descendent un peu par ma faute; mais l'inégalité des lettres est conforme à celle du manuscrit. »

OUIS CERUUS ET LUPUS.

Fraudator homines cum auocat
sponsore improbo nom rem ex
pedire? sed mala uidere expeçtit.

A la suite de ce dernier mot, où le *c* est barré, dom Vin-

Quant au caractère, il est tout-à-fait du même âge que celui du manuscrit Rosanbo, car c'est seulement là qu'on peut établir la comparaison, le *specimen* gravé, donné par l'abbé Pluche étant une copie imparfaite, au lieu d'être un *fac-simile*.

Maintenant voici les conclusions qui me semblent pouvoir être tirées de ces différentes pièces. La seconde note, écrite par M. de Foncemagne, affirme que le manuscrit de Reims n'avait pas été brûlé, ainsi que le croyait dom Vincent, mais qu'il a été recouvré à la Bibliothèque du Roi, et que lui, Foncemagne, l'y a vu. Ce qu'il en dit prouve évidemment que ce n'est pas celui de M. de Rosanbo, auquel rien

---

cent a mis entre parenthèse : « (Sic in ms.) » — En marge, à la hauteur du titre, il avait écrit : « Cette fable a le même rang dans le manuscrit que dans les imprimés. Je l'ai choisie pour la variante.

Au-dessus du dernier extrait : « De la fable *Ranæ metuentes taurorum prælia*, in edit. fab. 29, lib. 1. » — Et en marge du premier vers : « (Sic in ms.) »

- nobis
..... heu quanta · instat pernicies
ait interrogata ab alia . cúr hoc di
ceret . de principatu cū illi certarent.

ne manque, et où le texte de Phèdre est suivi du traité *De Monstris*, ce dont M. de Foncemagne aurait fait sans doute mention. Enfin la comparaison de ce calque avec l'endroit qui s'y rapporte aura été un moyen facile de vérification.

Il y a pourtant, je dois le dire, une confusion résultant du peu d'attention que M. de Foncemagne aura mis à lire la lettre de dom Vincent, puisqu'il dit dans sa première note : « La lettre par laquelle il m'annonçait en même » temps un pareil échantillon de l'écriture d'un » manuscrit du *Querolus*, qui a péri comme le » Phèdre. » Ainsi, préoccupé de cette idée qu'il y avait à la bibliothèque de Saint-Remi deux manuscrits distincts, un pour Phèdre et un pour le *Querolus*, M. de Foncemagne ne s'est pas étonné de ne pas voir cette comédie à la suite des fables, dans le manuscrit qu'il a eu entre les mains à la Bibliothèque. Il a seulement remarqué que ce manuscrit était incomplet en tant qu'il ne contenait pas Phèdre tout entier. Il est donc probable que ce manuscrit, après avoir échappé à l'incendie par une circonstance quelconque, fut mutilé de la manière dont l'explique Foncemagne, c'est-à-dire qu'il en fut arraché, outre le *Querolus*, tout le cinquième livre, et les deux derniers morceaux du quatrième; mais dans cet état il offrirait encore un monument précieux, et dont on doit désirer la découverte. Les recherches qui ont été faites à ce sujet, à la Bibliothèque, d'après ma communication, sont jusqu'à présent restées sans résultat.

Les variantes recueillies par dom Vincent, telles que nous les avons publiées, portent trop bien toutes les marques d'un travail attentif et consciencieux pour que ce manuscrit, s'il se retrouve, ajoute maintenant une notable amélioration au texte d'un auteur qui a été l'objet de tant de savants travaux; mais il nous a semblé curieux (en proportionnant toutefois l'intérêt de ces renseignements à la spécialité très-restreinte de cette petite question littéraire) de voir, en quelques années, toute cette lumière qui vient converger ainsi de divers côtés sur les sources d'un auteur dont l'existence fut si long-temps obscure ou problématique, *Habent sua fata libelli.*

## II.

# GÉOGRAPHIE.

SUR

# LA COLLECTION GÉOGRAPHIQUE

A LA BIBLIOTHÈQUE ROYALE.

Le département des cartes et plans, à la Bibliothèque du Roi, n'a été fondé qu'en 1828; et l'attention publique ne nous paraît pas avoir été suffisamment appelée sur les grands progrès déjà obtenus dans ce nouveau département. Ces progrès sont pourtant une des meilleures preuves du zèle éclairé de messieurs les conservateurs, auquel on s'accorde avec raison à rendre hommage. Aussi croyons-nous remplir utilement une lacune dans les renseignements littéraires en donnant ici des détails peu connus sur cette partie de leurs améliorations.

Ce qui a pu contribuer d'abord au peu de popularité du nouveau département géographique, c'est, d'une part, l'époque de tourmente politique où il achevait de s'organiser ; de l'autre, le local provisoire qu'on a été obligé de lui assigner, en attendant que les nouvelles constructions de la Bibliothèque, sur la rue Vivienne, permissent de loger convenablement ce vaste magasin de toutes les sciences. Avant la réunion des bâtimens de l'ancien Trésor avec ceux de la Bibliothèque, on n'aurait pas même pu trouver à loger cette addition d'un nouveau dépôt distinct ; et, avant la fin des nouvelles constructions, on ne peut même le loger que provisoirement.

Messieurs les conservateurs sont trop expérimentés pour ne pas savoir l'effrayante portée qu'a chez nous ce mot *provisoirement*. Aussi ont-ils cherché à améliorer le provisoire en transportant le dépôt des cartes à la suite de celui des estampes.

Cet arrangement, la meilleure disposition provisoire que l'on pût adopter, a peut-être l'inconvénient de placer d'une manière trop accessoire un dépôt d'un grand intérêt. C'est la condition du dernier venu. Il est fâcheux que ces exigences du local, en ne permettant pas de mettre cette collection plus en évidence, retardent ainsi les progrès que les soins de messieurs les conservateurs désirent imprimer à la géographie, beaucoup trop négligée parmi nous.

C'est là une autre cause du peu de popularité de ce dépôt, et elle est assez grave pour y donner quelque attention.

« La géographie, disait Voltaire, est une de ces sciences qu'il faudra toujours perfectionner... Personne n'a encore pu faire une carte exacte de la Haute-Égypte, ni des régions baignées par la mer Rouge, ni de la vaste Arabie. Nous ne connaissons de l'Afrique que ses côtes; tout l'intérieur est aussi ignoré qu'il l'était du temps d'Atlas et d'Hercule. Pas une seule carte bien détaillée de tout ce que le Turc possède en Asie. Tout y est placé au hasard, excepté quelques grandes villes dont les masures subsistent encore. Dans les états du Grand-Mogol, la position relative d'Agra et de Delhi est un peu connue; mais, de là jusqu'au royaume de Golconde, tout est placé au hasard. On sait à peu près que le Japon s'étend en latitude septentrionale depuis environ le trentième degré jusqu'au quarantième ; et, si l'on se trompe, ce n'est que de deux degrés, qui font environ cinquante lieues ; de sorte que, sur la foi de nos meilleures cartes, un pilote risquerait de s'égarer ou de périr. »

On voit, d'après ce passage du *Dictionnaire philosophique*, les progrès réels que la géographie a faits depuis soixante ans. Nous désirerions en dire autant de la connaissance de cette science importante parmi nous. Mais le goût a été loin de s'en répandre dans une proportion qui répondît à ces mêmes progrès. Un savant, dont on ne peut trop louer les nobles efforts pour populariser cette étude importante, écrivait tout récemment encore : « Qui peut voir, sans la déplorer, l'ignorance de la plus grande partie de la population française en matière de géographie ? l'Angleterre, la Prusse, l'Autriche, la Russie même, et presque toute l'Allemagne font rougir la France de son incurie à cet égard. » Cette incurie va même au point de faire entièrement méconnaître le degré d'importance des études géographiques. Aussi croyons-nous ne pas être inutiles en appelant l'attention de nos lecteurs sur l'intérêt de l'établissement central où doivent aboutir et d'où doivent rayonner tous les moyens d'instruction en ce genre.

Un tel établissement n'existait pas en France il y a moins de huit ans, car l'ordonnance qui crée le département des cartes et plans à la Bibliothèque du Roi est du 30 mars 1828. Jusque là, les richesses géographiques possédées par la Bibliothèque étant réparties entre le département des livres imprimés, celui des manuscrits et celui des estampes, n'étaient qu'un accessoire pour les savants chargés de la conservation de ces différents dépôts, et qui n'avaient pas la géographie pour spécialité. Le nombre d'employés dont ils disposaient était d'ailleurs nécessaire tout entier au service de leur département. « C'est pourquoi, dit M. Jomard, ces pièces n'avaient pu être, jusqu'à présent, ni classées, ni cataloguées, ni estampillées, ni même comptées et inscrites sur des listes ou des bulletins : partant, pas de moyens de contrôle. Comment eût-on pu découvrir et fournir aux travailleurs, à moins de recherches d'une longueur extrême, telle carte donnée, sans négliger le service plus impérieux des livres imprimés? Comment s'assurer aussi de l'existence de telle pièce rare et précieuse dans les portefeuilles? Le public laborieux ne pouvait donc être satisfait pour les demandes de cartes géographiques : comment aurait-il afflué à la Bibliothèque pour les consulter? »

L'insouciance du public français à cet égard semblait donc en quelque sorte justifiée par celle de l'administration, se mettant elle-même à la remorque d'un préjugé général, au lieu de chercher à donner une puissante impulsion pour le détruire. Une réunion particulière, la Société française de Géographie, était le seul point central pour cette science; mais elle avait pour but ses progrès et non sa popularité. Le gouvernement devait envisager la chose sous un autre point de vue qu'une assemblée de savants : ce qu'il devait au public, c'était un foyer d'instruction pour tout le monde.

Nous voyons dans les considérations que le conservateur du nouvel établissement se crut obligé de publier, et que nous avons déjà citées, que l'on prétextait le peu d'empressement du public d'autrefois à consulter les cartes de nos bibliothèques pour refuser d'enrichir, en ce genre, les collections nationales, et l'on expliquait ce peu d'empressement par la pénurie des ressources, pénurie qu'exagérait le manque de notions précises sur tant de trésors enfouis.

Le seul moyen d'échapper à ce cercle vicieux était d'inventorier ces richesses, de les réunir, de les classer. Pour cela, il fallait à la fois un savoir spécial et une mission spéciale. On ne saurait trop se féliciter d'avoir ces conditions réunies dans un homme qui avait déjà attaché son nom à deux nobles entreprises qu'il avait menées à bonne fin. L'une est la publication du grand ouvrage sur l'expédition d'Égypte, et l'autre les progrès de la civilisation de ce même pays par l'instruction des indigènes en France. Il y avait, dans un tel choix, d'heureuses garanties pour la fortune du nouvel établissement. Nous montrerons tout-à-l'heure quelques-uns des résultats importants auxquels le zèle éclairé et persévérant de M. Jomard est déjà parvenu. Mais auparavant nous ne devons pas oublier que l'éducation géographique du public, si l'on peut s'exprimer ainsi, commence à peine, et que la plupart de nos lecteurs doivent se trouver sous l'empire des préjugés qui prouvent justement l'utilité de l'institution obtenue.

Au lieu de nous faire illusion, il vaut mieux reconnaître l'infériorité où nous met, à côté de la plupart des autres peuples, l'ignorance presque générale, ou du moins la connaissance très-insuffisante de la géographie, qui règne parmi nous. Cela est d'autant plus saillant, que la France a fourni à cette science des illustrations du premier ordre, et qui ne le cèdent en rien aux plus célèbres géographes étrangers. « Et qu'on ne dise pas, remarque si bien M. Jomard, que les N. Sanson, les de Lisle, les d'Anville, les Cassini et d'autres encore, ou bien quelques illustres voyageurs et navigateurs français, les Fleurieu, les Bougainville, les La Pérouse et un grand nombre d'hommes habiles qui leur ont succédé, et qui honorent le temps présent, que ces hommes ont obtenu dans un peu de renommée le prix de leurs travaux. Leur dévouement à la cause des sciences et des découvertes devait avoir pour véritable fruit l'avancement de la géographie en France, les progrès de l'enseignement géographique et l'extension des connaissances, et c'est ce qui n'est pas arrivé : leur mérite n'en est que plus grand ; mais il n'appartient qu'à eux, et il n'a pas eu sa digne récompense. »

Dans cet état de choses, on regarde comme très-suffisants quelques atlas composés d'un petit nombre de cartes générales, pour offrir une idée de l'ensemble, ensuite des cartes partielles, jointes aux livres de voyages, d'expéditions qu'elles éclaircissent ; puis quelques cartes de circonstances, bâclées à la hâte, pour pouvoir suivre, tant bien que mal, l'événement du jour. Un dépôt géographique spécial semblerait donc, d'après cela, un luxe inutile.

M. Jomard, apercevant, dans les *anti-géographes* qui raisonnent ainsi, l'absence des premiers principes d'une science par eux si mal jugée, n'a pas dédaigné de leur en expliquer, avec la simplicité d'un enseignement élémentaire, les plus humbles notions primordiales ; mais il l'a fait avec la supériorité d'un des maîtres de la science. « Qu'est-ce qu'une bonne carte géographique ou topographique, se demande-t-il, sinon la représentation complète d'un certain ordre, et souvent d'une multitude considérable de faits scientifiques, rassemblés dans un seul cadre, de résultats, d'observations positives, rapprochés sous la forme la plus commode et la plus claire? D'un seul coup-d'œil, en effet, vous y embrassez plusieurs systèmes entiers : l'aspect physique, les distances des lieux, les rapports d'état à état, de province à province, les divisions politiques; la forme, l'origine et l'issue des bassins, soit de premier, de second ou de troisième ordre; les moyens ouverts ou les obstacles opposés aux communications intérieures et extérieures, circonstances qui règlent tous les rapports du commerce et de l'industrie, qui président aux questions de paix ou de guerre; en un mot, presque tous les éléments des rapports sociaux. » — « On lit un livre, on perçoit, pour ainsi dire, une carte. Un livre se lit mot par mot, et page à page ; une carte permet d'embrasser tout un sujet à la fois ; une carte est aussi une description comme un livre de géographie, mais une description graphique. Chacune de ses productions s'adresse à une faculté différente de l'intelligence. »

Avec la même netteté simple et philosophique est démontrée ensuite la différence qui existe entre une carte géographique, produit d'opérations mathématiques, dont le premier mérite est dans une rigoureuse exactitude, et une estampe, produit de l'art et du goût.

Voilà donc les caractères distinctifs d'une carte bien définis. Le savant académicien, en ayant démontré l'intérêt spécial, obtint pour cette branche des connaissances humaines un établissement particulier, comme ceux qui lui sont consacrés depuis long-temps dans les principaux états de l'Europe. Aux collections à peu près enfouies jusqu'alors à la Bibliothèque il a joint la récolte de ses visites dans les combles du Louvre et dans les greniers de l'Institut. A ces investigations ont été dues plusieurs des curiosités géographiques les plus remarquables, telles qu'une immense carte de la Chine, sur taffetas, que signalent à la fois la grandeur de ses dimensions, le fini de ses détails et la délicatesse du caractère d'écriture; une carte d'Amérique, de 9 pieds et demi sur 8 pieds, peinte en 1604, à Florence, arrivée, on ne sait comment, à la Bibliothèque, et que M. Jomard a fait restaurer de manière à lui rendre tout son éclat. Parmi les plus anciennes, on doit citer celle de la France, peinte pour Charles IX, par Hamon Blésien, en 1568, véritable miniature et chef-d'œuvre de travail et de finesse. Elle est exposée dans une des salles du local provisoire. Là le conservateur, pour stimuler un peu l'insousiance du public au sujet de la géographie, a cherché à piquer sa curiosité en exposant à ses regards un choix varié de ce que la collection présente de plus saillant.

A côté de cette œuvre délicate du seizième siècle, se voit avec intérêt une planche en cuivre, gravée par les Arabes et trouvée à Bélida, régence d'Alger. On y a tracé le plan du tombeau de Mahomet à la Mecque et la description détaillée de sa personne. Les caractères sont disposés d'une manière bizarre et symbolique; la gravure provenant de cette planche se trouve en regard, et un plan détaillé du tombeau de Mahomet éclaircit la partie du texte arabe qui s'y rapporte. Une admirable carte du sud-est de la France, par d'Anville, montre que cet homme illustre joignait à sa profonde érudition une précision de dessin, une netteté dans l'écriture et dans les moindres détails, qui faisaient de lui un géographe accompli.

Cette salle et celle qui la précède offrent encore beaucoup d'autres objets curieux, tels qu'une grande *mappemonde chinoise,* faite par les ordres et pour l'usage de l'empereur Kang-hi (1671); la carte de la mer Caspienne, autographe donné par Pierre-le-Grand à la Bibliothèque royale, pendant son voyage à Paris en 1725, et ouvrage du czar; une carte composée, à la Bastille, par La Bourdonnais, pendant qu'il était au secret, dessinée avec une pièce de six liards taillée en plume, sur une mousseline, et lavée avec du marc de café; l'ancienne carte de France de La Guillotière (1627), et de superbes cartes italiennes, espagnoles et portugaises, de 1476 à 1589, sur peau de vélin et coloriées richement; une grande carte hollandaise, de 1610, représentant le globe entier, couverte de peintures remarquables, avec les costumes des peuples des pays outre-mer, les animaux et les productions. Non loin de ce grand morceau est la carte de la Chine, dont nous avons parlé tout-à-l'heure, et qui a été restaurée par les soins de M. Jomard, au point qu'on ne peut plus se figurer l'état de dégradation où il l'avait trouvée.

Il a fait aussi réunir et suspendre aux murs d'une salle basse les vastes cartes exécutées par fragments pour le grand ouvrage sur l'Égypte. Voltaire, qui désirait une carte de la *Haute-Égypte*, n'en espérait jamais sans doute une aussi belle. Et pourtant M. le colonel Lapie en a donné, sur une moindre échelle, une plus parfaite encore, et qui est un des chefs-d'œuvre de l'art en ce genre. Tout ce qui concerne l'expédition d'Égypte, souvenir si cher à l'honorable conservateur, est réuni dans cette galerie, ainsi que plusieurs reliefs exécutés en Angleterre et en Allemagne, et tels, que la Prusse en emploie déjà avec succès dans l'enseignement. Le plus remarquable est celui de l'île Clare, dont l'exécution est due aux soins du grand jury du comté de Mayo, en Irlande. Il est à l'échelle de 1/10080. « Tout est déterminé rigoureusement, la hauteur de chaque point important ayant été mesurée. Comme aucun détail quelconque, étranger à la forme du sol, ne distrait l'attention de l'observateur; il y suit de l'œil, avec une facilité extrême, les mouvements variés et infinis du terrain, et presque tous les accidents du sol. Les lignes de partage y sont figurées de la manière la plus claire. »

« Sur des cartes de cette espèce, continue M. Jomard, le géologue, l'ingénieur, le militaire, l'administrateur, pourraient lire des résultats importants. Il n'est pas jusqu'au naturaliste et à l'homme qui s'occupe de l'agriculture en grand, qui ne pussent y trouver des renseignements utiles. Enfin l'homme politique, qui veut se former une idée parfaitement sûre de ce qu'on appelle limites naturelles, doit consulter des *cartes en relief* de cette espèce, et il évitera de graves erreurs, ou de singuliers quiproquos, auxquels il est exposé en fixant ces limites sur les cartes gravées ordinaires.

Ce procédé si utile, qui constitue proprement l'hypsographie, amènera de grands perfectionnements dans l'hypsométrie, ou indication des hauteurs du terrain sur les cartes gravées. M. Jomard, après avoir tracé tous les avantages que peut offrir une bonne carte, ajoute : « Que sera-ce quand chaque point sera marqué d'un nombre exprimant la hauteur absolue au-dessus du niveau de la mer ? Or cette troisième coordonnée deviendra indispensable comme les deux autres auxquelles on se borne actuellement (la longitude et la latitude); addition qui ne peut manquer un jour, bientôt peut-être, d'être faite aux bonnes cartes géographiques, et qui leur donnera une bien plus grande utilité que n'en ont les cartes actuelles les meilleures, une importance nouvelle sous tous les rapports sociaux. »

L'hypsographie devient dans la science l'objet d'une branche que M. Jomard appelle la *géographie pure*, l'état des continents sortis du sein des eaux, sans aucune trace de végétation ou de vie animale. Viennent ensuite, l'une après l'autre, dans un enseignement philosophique de la géographie, les différentes combinaisons qui, en complétant successivement le tableau synoptique de la nature, tel que nous l'offre la réalité, portent dans cette science la méthode la plus claire et la plus rationnelle.

La base première, le point de départ de cette méthode est l'hypsographie. Ces ingénieux reliefs, qui l'ont en quelque sorte créée, sont donc une chose trop intéressante pour que la première invention n'en soit pas revendiquée comme un titre national. Aussi le conservateur fait voir leur première idée en France, en rapprochant des reliefs allemands et anglais les reliefs sous-marins exécutés, il y a quarante ans, par M. Lartigue, d'après les données de la sonde, ainsi que les reliefs terrestres, qu'il a également construits le premier. Ces *cartes en relief* ne doivent pas être confondues avec les plans en relief; c'est un art à part.

Les reliefs hypsographiques, exécutés d'après les opérations les plus sûres, auront encore l'avantage de servir à vérifier le plus ou moins d'exactitude des cartes gravées, et à montrer avec la dernière évidence le danger de celles qui se fabriquent presque clandestinement pour être vendues dans les ports, et qui, par leurs grossières négligences, ont causé la perte de bien des navires marchands.

Nous ne devons pas terminer cet aperçu des principales richesses de notre collection sans citer le plan de Iédo, capitale du Japon, gravé et colorié sur les lieux. Ce plan, fait pour l'usage portatif et journalier, et qui avait servi de la sorte à un missionnaire, est beaucoup mieux exécuté que les plans de Paris qui servent au même usage; car nous ne le comparons pas au grand plan de Paris, en cent soixante feuilles, une des belles acquisitions du dépôt géographique.

Tel est donc l'état déjà florissant de cette collection publique, et telle est la précision des renseignements fournis par le conservateur, qu'il n'est plus permis d'invoquer la pénurie des ressources géographiques comme excuse à l'indifférence. La collection est formée d'un ancien fonds et d'un nouveau. Le premier, consistant dans les cartes déjà à la Bibliothèque, et qui ont été transportées des autres départements dans celui-là, lors de sa création, se compose d'environ cinquante ou soixante mille pièces. Le fonds nouveau s'accroît chaque jour de trois manières : par le dépôt légal de deux exemplaires de chaque publication; par les acquisitions ou échanges, et par les dons gratuits. Le zélé conservateur a déjà ainsi ajouté aux richesses qui lui ont été confiées, à son entrée en fonctions, plus de six mille pièces nouvelles, malgré l'exiguité de ses ressources pécuniaires, et malgré le peu d'exactitude que beaucoup d'éditeurs mettent à se conformer à l'obligation du dépôt légal. C'est une chose à laquelle il serait même urgent que les autorités tinssent la main.

Quant aux dons gratuits, aussitôt que la formation d'un établissement géographique central à Paris a été connue à l'étranger un grand nombre de dons y sont arrivés de Belgique, de Sardaigne, d'Amérique, mais surtout d'Angleterre; et en regrettant de ne pouvoir citer ici les principaux donateurs, il nous est du moins impossible de passer sous silence le magnifique présent de l'amirauté de Londres, qui a offert l'inappréciable collection des cartes marines anglaises, en sept à huit grands volumes atlantiques et d'autres formats; celui du maréchal Beresford, grand-maître de l'artillerie anglaise, à qui on doit la grande carte d'Angleterre, dite de l'*artillerie* ou d'*ordonnance*, en quatre-vingt-six feuilles du plus grand format, chef-d'œuvre d'exécution; et celui de M. Williams Bald, ingénieur anglais, auteur de la grande carte du comté de Mayo, en Irlande, en vingt-cinq feuilles, dont il a fait don à notre dépôt géographique.

Voilà de nobles et libérales relations entre

peuples qui ne connaissent plus qu'une rivalité de générosité, quand il s'agit des progrès de la civilisation. Il n'est pas en effet de science plus propre que la géographie à rectifier et agrandir ces vues étroites qui, en exagérant les avantages de la vie casanière, rendent ennemi de toute excursion lointaine, de toute relation au-delà des mers. Vous êtes bien chez vous, et vous vous y tenez, soit ; mais vous n'en devez pas moins désirer, d'après une vue générale de philanthropie, les succès et la propagation de cette science. Car, portée à un certain point, elle doit finir par ouvrir de nombreux et utiles débouchés à tant d'hommes qui n'ont pas lieu d'être, comme vous, contents de leur lot dans cette vie. Que de contrées fertiles, bien boisées, bien arrosées, fertilisées par le plus doux climat, offriraient la riante perspective d'une colonie prospère à tant de malheureux émigrants, et fourniraient une réponse toute providentielle à ce problème d'une population sans cesse croissante ; problème qui semble si inquiétant pour l'avenir, et pour lequel on s'habitue trop aisément à ne voir que ces solutions homicides de la guerre et des grands fléaux épidémiques.

Rappelons-nous seulement ces lieux délicieux et entièrement déserts, décrits dans quelques lettres de notre savant voyageur, M. C. Texier, et cela, non pas à l'extrémité de l'autre hémisphère, mais dans ce doux pays de l'Asie-Mineure, non moins riche en souvenirs qu'en beautés naturelles, sur les bords du lac de Nicée, dans la Bithynie, dans la Mysie, dans la Phrygie. Nous n'ignorons pas que le gouvernement du Grand-Turc est peu engageant, et que les avanies d'un aga ou d'un cadi peuvent diminuer singulièrement les agréments qu'offre en perspective le séjour de ces beaux lieux. Nous ne prétendons pas non plus détrôner le sultan pour peupler du surcroît de nos populations les contrées privilégiées de son riche empire ; il y a peut-être long-temps que cette idée germe dans les têtes de ses trop puissants voisins ; mais, nous le répétons, une science propre à faciliter les communications de tout genre entre les peuples les plus éloignés doit amener, par la suite des temps, une répartition plus égale des populations sur la terre, et devenir ainsi, pour l'espèce humaine, une nouvelle source de prospérité. Pourquoi douter de pareils progrès, quand nous avons l'expérience de nos progrès sur le passé ?

# RECHERCHES

## SUR

# LA TOPOGRAPHIE DE CARTHAGE,

PAR

M. DUREAU DE LA MALLE,

MEMBRE DE L'INSTITUT.

« Chaque mur avait deux étages, et, comme ils étaient creux en dedans et couverts, le rez-de-chaussée servait d'écurie pour trois cents éléphants, et de magasin pour tout ce qui était destiné à leur nourriture. Le premier étage contenait quatre mille chevaux avec le fourrage et l'orge suffisants pour les nourrir; au-dessus étaient des casernes pour vingt-quatre mille soldats. » Telle est la description des remparts de Carthage par Appien, qui, comme le prouve M. Dureau de la Malle, s'est servi de Polybe, l'historien par excellence pour la guerre punique, à laquelle il assista pendant deux ans avec Scipion, son élève et son ami. Les citernes immenses destinées à contenir l'eau nécessaire à la population renfermée dans de pareils murs existent encore à Malqâ, village situé sur quelque point de l'emplacement de l'antique Carthage. M. Shaw, auteur d'importants travaux sur cette ville, représente leurs maçonneries comme si solides, qu'elles ne sont nullement endommagées, et le révérend père Caroni, savant antiquaire qui a fait servir à l'archéologie l'accident qui le fit tomber au pouvoir des corsaires et son esclavage à Tunis, au commencement de ce siècle, donne les dimensions de ces citernes, qui sont de plus de cent quarante pieds de longueur, de plus de cinquante de largeur, avec trente pieds de hauteur. Les murs sont flanqués de six tours aux angles et au milieu. D'autres citernes, situées sur un point différent de la vaste ville punique, sont au nombre de vingt, placées sur deux rangs, longues chacune de cent pieds et large de trente.

Tout, dans cette fameuse république, avait des proportions colossales ; et c'est bien à la lutte d'extermination qu'elle soutint contre les Romains qu'on pourrait donner avec le plus de justesse le nom de guerre des géants.

Carthage était une de ces puissances en quelque sorte factices par la disproportion des limites naturelles de leur métropole avec leurs développements excentriques. Rien, dans l'histoire moderne, ne peut représenter exactement cette disproportion. L'état de Venise, il est vrai, n'était aussi qu'une ville ; mais, quelle qu'ait été sa puissance, elle ne peut être comparée à celle de l'antique Carthage, à laquelle on pourrait très-bien, sous ce dernier rapport, comparer l'Angleterre. Mais, si ce royaume présente une comparaison convenable par la grandeur de ses forces et de ses possessions éloignées, il offre une grande différence par les proportions de l'île métropole, centre assez imposant pour former, fût-il seul comme par le passé, un état qui, à la rigueur, saurait glorieusement se suffire, et faire survivre son indépendance nationale à la perte de son développement exagéré.

Pour se faire une idée de la république de Carthage en employant des termes de comparaison modernes, il faudrait se représenter une ville puissante en ramifications lointaines, comme était Venise, mais donner à cette ville un aussi grand développement politique et commercial que celui de l'Angleterre. On conçoit alors que le sort d'un tel empire vînt à dépendre d'un siége, et, si le peuple assiégeant dispute à celui de la ville assiégée l'empire du monde, on conçoit encore que les destins du monde seront attachés à l'issue de ce siége. Il est nécessaire de se placer à ce point de vue pour comprendre l'importance extraordinaire que l'histoire a toujours mise à la prise de Carthage par les Romains, et pour pénétrer la profonde politique de ce sénat qui avait reçu de ses devanciers et transmettait à ses successeurs le projet d'une domination universelle. On sait que tous les moyens lui furent bons pour vaincre dans cette guerre à mort; il y employa même, suivant l'expression de M. Dureau de la Malle, une perfidie plus que punique. Voilà comment cette grande et austère figure de Scipion se trouve présider, en instrument soumis, aux mesures d'une politique à la fois inflexible, impitoyable et sacrilége. A plus forte raison, les travaux les plus étonnans, les efforts les plus surhumains devaient-ils être tentés par cet illustre capitaine, dont Cicéron dit qu'il était un de ces hommes rares, en qui une nature admirable se trouve fécondée par tous les secours de l'éducation et des circonstances.

Appien, encore cité comme reproduisant le récit de Polybe, dit que Scipion, voulant fermer aux assiégés la communication avec la mer, « fit jeter une digue qui s'avançait, presqu'en droite ligne, vers l'embouchure du port peu distant du rivage. Cette jetée avait vingt-quatre pieds de large au sommet, et quatre-vingt-seize à la base. » Elle fut construite, dit M. Dureau de la Malle, comme celles des rades de Cherbourg et de Plymouth l'ont été depuis, en jetant à flot perdu d'énormes quartiers de roche qui, par leur cohésion et l'inclinaison de leur plan, pussent résister à l'action des flots. « Scipion, continue Appien, disposait d'une nombreuse armée qu'il faisait travailler jour et nuit; et les Carthaginois, qui d'abord avaient ri de ce projet gigantesque, allaient se trouver entièrement bloqués; car, ne pouvant recevoir de vivres par terre, et la mer leur étant fermée, la faim les eût contraints de se rendre à discrétion. C'est alors qu'ils entreprirent d'ouvrir une nouvelle issue dans une autre partie de leur port qui regardait la pleine mer. Ils choisirent ce point parce que la profondeur de l'eau et la violence des vagues qui s'y brisent rendaient impossible aux Romains de le fermer avec une digue. Hommes, femmes et enfants, tout y travailla jour et nuit, en commençant par la partie intérieure, et avec tant de secret, que Scipion ne put rien savoir des prisonniers qu'il faisait pendant cet intervalle, sinon qu'on entendait un grand bruit dans les ports, mais qu'on en ignorait la cause et l'objet. En même temps ils construisaient, avec d'anciens matériaux, des *trirèmes* et des *quinquérèmes* avec une adresse et une activité singulières. Enfin, lorsque tout fut prêt, les Carthaginois, au point du jour, ouvrirent la communication avec la mer, et sortirent avec cinquante *trirèmes* et un grand nombre d'autres navires qu'ils avaient fabriqués dans cet intervalle. »

On retrouve partout chez les Carthaginois ces grandes proportions : dans leur férocité comme dans leur courage ; dans leur plus sublime dévouement comme dans leurs superstitions monstrueuses. « La statue de Saturne, à Carthage, nous dit Diodore, était d'airain ; elle avait les bras pendants ; les mains, dont la paume était en dessus, inclinant vers la terre, de manière à ce que l'enfant qui y était placé roulait subitement et tombait dans un gouffre plein de feu. Plutarque ajoute à la peinture de cet horrible sacrifice, où l'on immolait à la fois deux cents et trois cents enfants des plus nobles familles, que les mères y assistaient sans pleurer ni gémir. Si quelqu'une poussait un soupir ou versait une larme, elle était déshonorée, et son fils n'en était pas moins immolé. Devant la statue retentissait le bruit des flûtes et des tambours, pour qu'on ne pût entendre les cris et les hurlements des victimes.

» Quinte-Curce affirme, continue M. Dureau de la Malle, que Carthage conserva jusqu'à sa destruction ce culte, qui était, dit-il, plutôt un sacrilége qu'un sacrifice ; Silius, que le sacrifice était annuel. »

Ces citations, prises dans les recherches qui viennent de paraître sur la topographie de Carthage, indiquent la manière dont leur savant auteur a su rendre la vie et le mouvement à chacun des lieux qu'il décrit, en y replaçant la scène de ce qui s'y était passé de plus remarquable. Ce travail se distingue d'une manière toute particulière par la célébrité presque sans égale des lieux dont il détermine l'ensemble et les détails, et en même temps par la confusion des seules traces qui nous restent d'une aussi vaste cité; car la nature a depuis long-temps repris ses droits sur cette plage stérile, où une combinaison politique avait assis la métropole d'un empire si fort. Tandis que de faibles villes de l'antiquité sont devenues ailleurs des cités aujourd'hui dans l'état le plus florissant, à peine quelques misérables cabanes couvrent-elles le sol de cette antique Carthage, qui, après avoir été la rivale de Rome, renaît sous Jules-César à une prospérité nouvelle, et prend bientôt un tel accroissement, qu'au quatrième siècle de notre ère elle était considérée comme la troisième ville de l'empire. Néanmoins tout ce qui reste de colossal dans les ruines actuelles, comme les citernes dont nous avons parlé en commençant, appartient à la Carthage punique.

La transition de sa destruction à la splendeur de la Carthage romaine nous a semblé le plus intéressant des points établis par cette belle réédification archéologique, où le monde savant verra sans doute un solide jalon fixé par une main ferme dans la critique de l'histoire. Contre l'opinion généralement répandue, l'auteur a prouvé avec la dernière évidence « que la colonie romaine établie sur les ruines de Carthage, vingt-quatre ans après la prise de cette ville, dut trouver un grand nombre d'édifices subsistants, les uns entiers, les autres endommagés par le feu, et qu'enfin, malgré l'arrêté des dix commissaires, l'armée de Scipion, vu le peu de temps qu'elle y employa, ne put que démanteler Carthage, et non pas la détruire de fond en comble. »

« Je me suis vu forcé, dit l'auteur, d'établir une discussion précise des faits et des dates pour détruire, s'il est possible, mais ce dont je désespère, une vieille erreur de notre enfance, née du fameux *delenda Carthago*, des déclamations oratoires et des amplifications poétiques, qui, depuis Velléius jusqu'à Sannazar et au Tasse, a fourni de si belles pages à l'éloquence et à la poésie, et qui nous représente l'emplacement de Carthage comme une table rase où les ruines même avaient péri, *etiam periere ruinæ*. »

Mais « comment, ajoute-t-il bientôt, puis-je espérer de réussir à dissiper le nuage obscur qui enveloppe les ruines de Carthage, lorsque l'illustre auteur des *Martyrs* et de l'*Itinéraire*, lorsque le premier écrivain politique du siècle, ayant reconnu les lieux, s'appuyant sur la longue expérience d'un savant qui avait fait, pour ainsi dire, de Carthage son domaine (le lieutenant-colonel du génie Humbert), fortifiant la véracité de ses récits de tout le poids de son éloquence et de son imagination puissante, n'a pu détruire une erreur palpable, mais qui, depuis deux mille ans, avait pris de profondes racines dans la crédulité de l'esprit humain? »

Chose en effet très-remarquable : lorsque tant de savants en différents genres ont commis des erreurs très-graves au sujet de l'emplacement de Carthage, M. de Châteaubriand, avec ce sentiment de rectitude d'un génie supérieur, n'a émis sur cette haute question archéologique aucune assertion que ne soient venues confirmer pleinement ces laborieuses et patientes investigations.

Ainsi M. Dureau de la Malle était éclairé sur plusieurs points de cette difficile étude par la vive lumière que sait répandre sur tous les objets le flambeau du génie. A cela se joignaient les opérations et les observations de plusieurs ingénieurs ou archéologues très-exacts, tels que le R. P. Caroni, le lieutenant-colonel Humbert, et surtout M. Falbe, capitaine de vaisseau et consul-général de Danemarck à Tunis, à qui appartient l'honneur d'avoir établi la véritable position de Carthage. Avant lui, elle était indiquée d'une manière tout-à-fait erronée, d'après l'autorité de M. Shaw et une dissertation du docteur Estrup, très-habiles gens pourtant, mais dont l'erreur prouve combien sont épineuses les questions archéologiques. On en voit un exemple curieux par la comparaison que l'auteur de ces recherches a permis d'établir, en réunissant sur une même feuille, dans une des cartes qui accompagnent ce volume, cinq plans de Carthage, dont pas un ne ressemble à l'autre.

M. Dureau de la Malle rend à plusieurs reprises, à M. Falbe, l'hommage le plus explicite, avec cette délicatesse de justice distributive que la véritable critique met à bien faire la part des autres avant de faire la sienne. Mais M. Falbe n'était point entré dans la discussion archéologique des différents points. C'est là que les témoignages épars dans toute la littérature de l'antiquité devaient faire retrouver le système de fortification, les temples, les monuments, les places, les principales rues, et jusqu'aux principales maisons de la Carthage punique et de la Carthage romaine. Voilà ce qu'a exécuté le savant académicien avec une érudition qui rend cette étude un modèle du genre. On peut dire qu'il a épuisé tous les textes grecs et latins au sujet de Carthage; et ce désir de la perfection dont il a mis l'empreinte dans son travail a été jusqu'à nous prier de consigner ici, en manière d'*addenda*, le seul témoignage peut-être qui lui soit échappé, et que nous lui avions signalé, après l'avoir découvert trop tard pour qu'il pût en faire profiter sa dissertation. C'est un passage de la *Cité de Dieu*, où saint Augustin, après avoir décrit plusieurs êtres monstrueux, ajoute : « On voit encore d'autres espèces

» d'hommes ou de quasi-hommes (*hominum*
» *vel quasi-hominum*), qui, d'après les témoi-
» gnages consignés dans les livres, ou conser-
» vés dans de curieuses traditions, ont été re-
» présentés dans un tableau en mosaïque, qui
» est sur la *place Maritime* à Carthage. »

Ce nouvel ouvrage de M. Dureau de la Malle est digne en tout point d'un nom si justement estimé dans les travaux d'histoire, et du nom respectable et illustre de M. Silvestre de Sacy, à qui il est dédié. Désormais il ne sera plus permis à un critique de quelque gravité d'aborder aucun point de l'histoire punique sans avoir consulté ce livre, qui ne peut manquer d'être bientôt traduit et fort goûté en Allemagne et en Italie.

# VOYAGE EN ASIE-MINEURE,

EN SYRIE, EN PALESTINE ET EN ARABIE PÉTRÉE,

PAR

M. CAMILLE CALLIER.

La Bibliothèque du Roi possède aujourd'hui l'empreinte d'un bas-relief fort curieux par sa haute antiquité. On le doit à lord Prudo, qui l'a fait mouler sur les lieux. Ce monument avait été décrit, au commencement de l'année 1835, dans une note communiquée à l'Académie des Inscriptions et Belles-Lettres, par M. Camille Callier, capitaine d'état-major, qui a le mérite d'avoir appelé l'attention du monde savant sur cette sculpture singulière. Elle est placée à trois heures de Beyrout, l'ancienne Béryte, en Phénicie, sur un petit cap au pied duquel coule l'ancien Lycus, que les Arabes ont nommé Nahr-él-Kélb (fleuve du chien). L'idée que suggère à M. Callier le rapprochement de ces deux noms est ingénieuse : il suppose qu'il provient de quelque statue colossale, élevée par les anciens Grecs et représentant un loup (*lycos*), que les Arabes auraient pris pour un chien.

« Sur la face des rochers qui ont été taillés d'abord pour établir l'ancienne route, dit M. Callier, on remarque encore aujourd'hui divers tableaux sculptés sur la pierre, et qui conservent le souvenir de la conquête de ce pays par Sésostris et par les rois de Perse. Des emplacements aplanis avec soin portent encore l'empreinte de ces témoignages historiques; mais le temps en a singulièrement affaibli les traits. On peut, sans consulter les dates respectives des invasions de Sésostris et des rois de Perse, et par l'inspection seule des tableaux, assigner une plus haute antiquité à celle du conquérant égyptien. Ces monuments vont par couple; et l'on observe que ceux qui ont rapport à la conquête égyptienne occupent toujours la place la mieux choisie, tandis que les cadres qui sont relatifs à l'invasion des Perses sont souvent incomplets, parce que la pierre a manqué. Il est d'ailleurs bien évident que l'action du temps s'est fait beaucoup plus sentir sur les premiers que sur les seconds.

» Il y a trois couples de tableaux, à certaine distance l'un de l'autre, et plusieurs autres sont isolés. Dans ceux des Perses, un même personnage est représenté avec le même costume et dans la même position. Ce personnage, qui est sans doute un roi de Perse, peut-être Cambyse, est debout et de profil. La main gauche, tombant sur le corps, semble tenir une baguette; la droite est relevée, et semble supporter un oiseau, au-dessus duquel sont divers objets. Dans le nombre on croit reconnaître un soleil ailé, attribut religieux des anciens Perses. Une inscription en caractères cunéiformes recouvre la surface du cadre, à partir de la ceinture du personnage, en passant sur le relief, sans s'interrompre. Malheureusement ces caractères sont, en partie, effacés, surtout ceux du côté droit. Les tableaux égyptiens représentent des sujets divers, taillés en creux. Dans l'un, le roi châtie des coupables; dans un autre, il offre des prisonniers au dieu Ammon. Les autres sculptures sont presque entièrement effacées. Je dois faire remarquer que, dans les angles des cadres, on trouve la trace de gonds, qui supportaient sans doute des portes destinées à préserver les sculptures de l'action destructive du climat; car il ne possède pas, comme celui de l'Égypte, la précieuse faculté de conserver. On reconnaît à ce soin le caractère des Égyptiens, travaillant toujours pour l'avenir. Les faibles restes des écritures hiéroglyphiques, qui accompagnent ces dessins, sont presque invisibles aujourd'hui. Cependant M. Bonomi, voyageur anglais, qui a copié en Égypte un grand nombre de ces écritures pour le célèbre Champollion, y a reconnu le cartouche du grand Rhamsès (Sésostris). »

Chargé avec feu M. Stamaty d'explorer toute la partie de l'Asie que nous avons indiquée, M. Callier et son compagnon allèrent d'abord de Smyrne, où ils débarquèrent, à Constantinople, par la Mysie et la partie occidentale de la Bithynie. Ensuite, en revenant de Constantinople à Smyrne, ils parcoururent la partie orientale de la Bithynie et de la Phrygie Épictète. Ainsi, à leur retour à Smyrne, leurs recherches s'étaient étendues dans les contrées comprises entre les rives de la Propontide, de la mer Égée, du Thymbris et de l'Hermus.

Des pluies interminables les retinrent longtemps à Smyrne, où ils furent obligés d'attendre que les routes et le passage des rivières fussent devenus praticables. Ils en partirent enfin pour parcourir la Lydie, la Phrygie Catacécaumène et la Galatie. Quoique en assez grosse compagnie, ils se trouvèrent exposés à beaucoup de périls quand ils approchèrent des limites de l'Asie-Mineure du côté de l'Arménie. « Il est impossible, dit M. Callier, de donner une idée exacte des obstacles et des dangers que nous avons rencontrés au moment où nous nous sommes engagés au milieu de ces tribus nomades de Kurdes et de Turkmens, qui errent dans des pays entièrement abandonnés à leur brigandage. Nous n'avons écouté, dans toutes les circonstances de cette nature, que le désir de remplir avec distinction une tâche aussi difficile. Un de nos domestiques, tombé entre les mains des Kurdes, a été la victime de cette périlleuse expédition. »

Aux dangers que M. Callier avait rencontrés

dans ces limites de l'Asie-Mineure, venait encore se joindre la peste. Dès Césarée, il avait été atteint d'une maladie qui en présentait toutes les apparences. Aussitôt qu'il put monter à cheval, ils se dirigèrent vers l'Euphrate. « C'est avec toutes les peines imaginables, dit-il, qu'après avoir été abandonnés de notre escorte, nous sommes néanmoins parvenus à gagner le point où les deux grands bras du fleuve viennent se réunir. Nous nous trouvions alors plus embarrassés que jamais : les Kurdes, qui faisaient la guerre au pacha de Kéban-Madèn, ravageaient tout le pays, et la peste exerçait ses horreurs dans tous les villages qui s'étendaient jusqu'à Diarbékir. Nous étions comme prisonniers dans Kéban. Un Kurde, du parti du pacha, consentit, malgré tant d'obstacles, à nous servir de guide ; et, sans autre garantie que sa parole, nous nous hasardâmes au milieu d'un pays dévasté par la guerre et par une horrible contagion. Cette expédition était si dangereuse, qu'aucun de nos gens ne voulut consentir à nous suivre. »

Nos voyageurs parvinrent cependant, au milieu de tous ces périls, à fixer dans la chaîne du Taurus un point très-important, celui où l'Euphrate reçoit l'ancien Arsanias, dont les géographes modernes ne font pas mention.

A Alep, un bien grand malheur attendait M. Callier. « C'est là, dit-il, que la Providence, à qui nous devions attribuer le bonheur avec lequel nous avions échappé à d'horribles embarras, laissa s'accomplir les sinistres prédictions qui nous avaient été si souvent répétées ; c'est là que mon malheureux compagnon de voyage devait mourir, victime de son zèle et de son dévouement. Déjà nous avions eu à déplorer la mort de quatre personnes de notre suite. L'affreuse perte que je venais de faire m'enlevait mon meilleur ami, et laissait retomber sur moi seul tout le fardeau d'une mission qui devait encore être la source de nouveaux chagrins. J'acceptai cette tâche, et je me proposai d'abord de remplir une importante lacune. Je quittai Alep pour visiter les parties inconnues de la Syrie supérieure, de la Cilicie Campestris et de la Cappadoce. J'ai joint à l'étude géographique de ces contrées des recherches historiques dont la solution sera sans doute de quelque intérêt. Je suis parvenu à fixer l'emplacement des Pyles Syriennes et Ciliciennes, et le lieu de la fameuse bataille d'Issus, infructueusement cherché jusqu'à ce jour. Ces différentes études ont encore eu pour résultat de retrouver le Carsus et le Pinarus. »

Ici nous entrerons dans des détails un peu plus circonstanciés sur cette partie des observations de M. Callier. Cet officier, après avoir présenté une esquisse rapide de tout son voyage à la Société de Géographie, fut prié de faire connaître à cette compagnie, d'une manière détaillée, quelque point de son voyage; et c'est à la lecture qu'il fit pour satisfaire ce désir que nous empruntons ce qui suit, en attendant que M. Callier fasse jouir le public d'une relation complète de son voyage en Orient, ce qui paraît encore éloigné : car ce voyageur semble un peu découragé en comparant l'espèce d'indifférence que trouvent chez nous, à leur retour, des hommes qui ont couru tant de dangers pour la science, et les honneurs, les encouragements de tout genre qui les attendent en Angleterre. Toutefois le découragement de M. Callier aurait le grave inconvénient que, plus il tarderait à mettre en œuvre ses matériaux, moins ses souvenirs lui seraient présents, et plus il aurait de peine à colorer son style de ces teintes vraies qui ne sauraient être employées trop tôt, pour ne rien perdre de leur éclat. Plusieurs traits de cette seconde lecture à la Société de Géographie ont incontestablement ce mérite. Entre autres exemples, que je pourrais citer, on trouvera toute la fraîcheur de récents souvenirs dans cette description :

« J'arrivai à Kaysar par un beau jour du mois de décembre. Tout le sol était couvert de neige, et l'on apercevait le disque du soleil à travers un voile de brumes épaisses qui se colorait de pourpre et d'or. Les tours, les coupoles et les minarets de Kaysar brillaient d'une lumière douce et sans éclat : tous les objets étaient plongés dans une atmosphère de vapeurs qui donnaient à leurs contours une incertitude gracieuse. C'était pour moi un spectacle nouveau de voir un pays d'Orient tout couvert des frimas du Nord, mais caractérisé par les effets d'une lumière qui lui est propre. J'avais déjà vu le mont Argée et la plaine de Kaysar au milieu de l'été, mais ce tableau m'avait paru sans couleur; toutes les collines étaient brûlées, et les yeux, fatigués par la chaleur et la lumière, ne pouvaient s'arrêter nulle part. Le même tableau, éclairé par un soleil d'hiver, se présentait sous un aspect qui me semblait avoir bien plus de charmes. »

Notre voyageur a rectifié l'indication que d'Anville avait donnée des Pyles Ciliciennes, supposant que ce défilé fameux était formé par le passage du Sarus à travers la chaîne Taurique. M. Callier a vu, au contraire, ce fleuve couler en dehors, du côté de l'Orient; il ne coule qu'un faible ruisseau entre les portes Ciliciennes. C'est dans l'espace compris entre ce défilé et le port d'Alexandrette ou Scandéeroun qu'un examen topographique attentif a fait reconnaître à M. Callier tout ce que l'histoire rapporte du champ de bataille d'Issus, où Darius engagea si imprudemment son immense armée, dont la plus grande partie ne put agir et se développer. Aussi Alexandre ne revenait pas d'une telle faute, qui, tournant tout à son avantage, lui parut une marque signalée de la faveur des dieux.

M. Callier a rapproché très-judicieusement de ce fait de l'histoire ancienne une tradition turque : « On raconte, dit-il, qu'un visir qui allait prendre possession d'un pachalik de Syrie, s'étant présenté à ce passage, un fou, qui se trouvait sur la hauteur, le pria d'ordonner à sa musique de jouer quelques airs pour le faire danser. Le visir se refusa d'abord à cette singulière demande ; mais, le fou l'ayant menacé de défendre l'entrée du passage en faisant rouler des pierres sur lui et sur sa suite, le pacha fut obligé de donner satisfaction à ce burlesque et redoutable ennemi. On ajoute que, depuis ce temps, tous les pachas qui traversent ce passage font jouer leurs musiciens en mémoire de ce bizarre événement. »

Une autre tradition, que le voyageur rapporte aussi avec quelque défiance, nous paraît moins vraisemblable, quoique plus sérieuse ; car elle ne s'accorde pas avec l'esprit tolérant et peu curieux des Turcs. C'est au sujet des tribus appelées Ansariès, qui entourent de beaucoup de mystère leurs dogmes religieux. « On raconte dans le pays, dit M. Callier, les moyens que les pachas de Lataquie ont quelquefois employés pour leur arracher des aveux sur leurs croyances mystérieuses. Si l'on ajoute foi à ces récits, on aurait essayé tous les raffinements de la cruauté sans jamais rien pouvoir obtenir. »

Une comparaison curieuse est celle de l'état actuel de Kaysar avec la description que donne Strabon du territoire de cette ville, appelée alors Mazaca. Rien n'est plus commun, en Orient surtout, que de voir la stérilité, la sécheresse régner seules aujourd'hui sur un sol célébré jadis pour sa fraîcheur et sa fertilité. C'est tout le contraire à Kaysar, puisqu'on y trouve aujourd'hui des fontaines et des bains, tandis que Strabon critiquait le choix de cette situation, parce qu'on y manquait d'eau. Bien des villes désireraient un pareil changement : Versailles, entre autres, se consolerait à ce prix de la perte de son ancienne splendeur. Enfin une fertilité remarquable a remplacé ces terrains stériles et impropres à la culture dont parlait aussi le géographe ancien. M. Callier explique ce dernier changement par la formation d'une couche de terre végétale.

M. Callier a exploré la partie supérieure du bassin de la mer de Cilicie, partie que les voyageurs n'avaient pas encore abordée. Il y a fait, comme dans le Taurus et l'Anti-Taurus, d'importantes vérifications. Mais son excursion en

Syrie fut retardée par l'expédition que venait d'y envoyer le pacha d'Égypte. Il en attendit la fin dans l'île de Chypre, « où de nouveaux malheurs, dit-il, m'attendaient encore. Mon interprète, homme dévoué et courageux, et qui était devenu pour moi un compagnon, après la perte de mon malheureux ami, m'y fut enlevé par la peste. Cette nouvelle épreuve me laissait dans un isolement des plus pénibles, et ajoutait encore aux difficultés de la tâche qui me restait à remplir. »

Quand l'expédition de Mehemet-Ali fut terminée, M. Callier revint en Syrie, où il fit plusieurs rectifications importantes sur le revers occidental des montagnes du Liban et de l'Anti-Liban. De là jusqu'à la ville sainte, les pays parcourus par le voyageur, Acre, Caïfa, le Mont-Carmel, le Mont-Thabor, avaient servi de théâtre, trente ans auparavant, à nos armes victorieuses et aux investigations de la docte caravane, compagne de l'expédition militaire. C'était dans ces lieux que M. de Châteaubriand avait entendu un petit Arabe déguenillé, proférant tout-à-coup, au milieu de son langage oriental, le cri français : *En avant! marche!*

Qui ne se rappelle à ce sujet l'éloquente émotion de notre grand écrivain ? Ces pays n'offraient plus à M. Callier de découvertes à faire, mais de ces grands et héroïques souvenirs qui doivent être si bons au voyageur, en lui rappelant une patrie qu'il est fier de représenter.

A Hébron, M. Callier composa sa caravane pour explorer l'Arabie-Pétrée ; et, après avoir vérifié dans ce pays la forme du golfe Élanitique, il se rendit au Caire par Souès, puis il revint en Palestine. Il s'y livra à plusieurs recherches sur la vallée du Jourdain, dont il suivit les chaînes jusqu'à Damas. Là une nouvelle maladie interrompit encore ses travaux, qu'il reprit pour vérifier le passage du Léytani dans le Liban, et la place des véritables sources du Jourdain. La maladie revint enfin donner au voyageur un dernier avertissement, auquel il crut devoir céder en revenant en France.

Plusieurs succès scientifiques y étaient réservés à notre voyageur. Pendant son séjour dans l'Arabie-Pétrée, il avait suivi une partie de la vallée qui s'étend de la mer Morte à la mer Rouge, vaste ravin que le manque d'observations précises dans ces lieux dangereux faisait regarder jusqu'à présent par les géographes comme l'ancien cours du Jourdain. On croyait que ce fleuve avait débouché autrefois dans la mer Rouge, et qu'ayant été arrêté dans son cours par la grande catastrophe qui détruisit les villes de la Pentapole, l'accumulation de ses eaux avait formé le lac appelé *Mer Morte*, qui avait remplacé ces cités. M. Léon de Laborde appuyait même cette opinion par l'observation des traces d'un grand mouvement volcanique, qu'il faisait coïncider avec le témoignage de l'Écriture. Il expliquait ainsi par un bouleversement du sol dans cette partie de la Palestine l'obstacle apporté alors à la continuation de l'écoulement du Jourdain. Mais déjà, en examinant la carte jointe à l'ouvrage de ce voyageur distingué, M. Letronne avait cru reconnaître que la direction des affluents indiquait, bien au-delà du lac Asphaltite, la ligne générale du partage des eaux entre ce lac et la mer Rouge : d'où il a conclu que le Jourdain n'a jamais pu arriver à cette mer. C'est ce que sont venues confirmer les observations de M. Callier. Après avoir trouvé à cinq journées de marche au S. O. de la mer Morte un cours d'eau qui se rend à ce lac, il s'est cru en droit de dire : « Il me semble presque impossible d'admettre l'hypothèse de cet ancien écoulement du Jourdain dans la mer Rouge, à moins de supposer que le phénomène auquel on rapporte la formation de la mer Morte eût en même temps changé la géographie physique du pays jusqu'à une distance aussi considérable, ce qui paraît peu probable. » M. Callier a même ajouté une autre vue, difficile à concilier, il faut le dire, avec le texte de l'Écriture : « Ces nouveaux faits permettent aussi de supposer que la mer Morte a un bassin particulier dont la formation est indépendante du phénomène local auquel on attribue la destruction des villes de la Pentapole, et que ce bassin est antérieur aux époques historiques. »

Outre ces observations toutes spéculatives, recueillies pour la science, le voyageur avait encore reçu dans ses instructions une mission qui tenait directement aux intérêts du moment. C'était de faire connaître au ministre de la guerre le plan de toutes les opérations militaires d'Ibrahim-Pacha contre le sultan, lutte dont l'issue préoccupait si vivement les hommes politiques de l'Occident. Le général Pelet a fait connaître cette particularité du voyage de M. Callier en présidant la séance de la Société de Géographie où ce jeune voyageur a reçu le prix destiné au travail géographique le plus important, parvenu à la connaissance de la compagnie pendant l'année 1833. La Société de Géographie avait pu juger de l'importance de celui de M. Callier par les calculs qu'il lui avait soumis sur dix-neuf cents lieues de reconnaissance assujéties à des observations mathématiques.

SUR LES DEUX PREMIÈRES ANNÉES

DE

L'EXPLORATION DE L'ASIE-MINEURE,

PAR M. CHARLES TEXIER.

———◦———

Qu'un grand personnage, en remplissant quelque importante mission dans un pays lointain et mal connu, fasse, comme on dit, d'une pierre deux coups, et recueille sur la route le plus de notions qu'il peut, dans l'intérêt de la science, c'est là un accessoire honorable, propre à jeter sur une dignité temporaire un éclat durable et légitime. Choiseul n'aurait certainement pas trouvé dans son ambassade la célébrité que lui a value son zèle pour les arts et les lettres. Nous devons cette justice à nos ambassadeurs en Orient, que la plupart ont fait tourner au profit de la science les moyens puissants dont ils disposaient. Pourtant il y a dans l'essence même des voyages de grands seigneurs quelque chose de pompeux et d'officiel qui isole, jusqu'à un certain point, le voyageur d'une foule d'objets dont le contact immédiat lui serait nécessaire pour bien juger. Cela est si vrai, que celui même qui joint à la noble curiosité et au zèle d'un véritable savoir les ressources de l'opulence est peut-être dans une position scientifique moins favorable que celui chez qui un zèle semblable n'est pas secondé par les mêmes ressources. M. Léon de Laborde, dont le père a voyagé, comme lui, en Orient, mais avec un luxe oriental, a jugé que cette manière de parcourir l'Asie présentait pour la perception d'une foule de documents presque autant d'obstacles que le dénuement; et, en rapprochant de ces deux termes extrêmes son train de route, simple et *confortable*, il a trouvé dans ce *mezzo termine* les conditions les plus favorables à un voyage scientifique.

Chez quelques voyageurs, la science a été le prétexte destiné à colorer les instructions secrètes données par la politique d'un gouvernement. Il est plus que probable que tel a été le caractère des tentatives anglaises pour pénétrer dans l'intérieur de l'Afrique. L'ardeur britannique pour les progrès de la géographie pouvait dissimuler avantageusement la recherche de la poudre d'or. La nation commerçante défrayait largement les intrépides voyageurs qui ouvraient la route de Tombouctou. Mais l'intérêt rend clairvoyants les hommes même peu civilisés ; et la mort, trouvée par la plupart de ces aventureux envoyés, en est peut-être une preuve sanglante.

Au contraire, un homme isolé, jeté par un hasard fatal dans une contrée lointaine et ennemie, s'il possède un art utile à l'humanité comme la médecine, sera accueilli avec des dispositions bienveillantes ; et un séjour fortuit pourra devenir pour lui une source d'observations variées, et, par suite, un titre littéraire honorable, s'il applique à la science les facilités qui lui sont particulières, comme a fait M. Pouqueville.

Un grand intérêt s'attache surtout à celui qui part seul avec de modestes ressources, les yeux toujours fixés sur l'astre de la science, le cœur plein d'ardeur, et muni de cette persévérance qui fit errer Pierre Gillius dans tout le Levant pendant plus de quarante années, cherchant tous les moyens possibles de suppléer aux ressources insuffisantes qu'il tenait de François I$^{er}$, jusqu'à s'engager à l'âge de soixante ans dans les troupes des Perses. La constance de caractère est peut-être pour de tels voyageurs le point le plus important, et je m'imagine que beaucoup sont partis plein d'une ardeur que l'essai des premières tribulations n'a pas tardé à éteindre. Cette force individuelle qui fait trouver en soi-même des ressources dans les plus grands embarras, de la résistance à la mauvaise fortune et de la résignation dans les privations les plus pénibles, ne me paraît pas assez admirée.

Ces qualités sont réunies à un haut degré chez un jeune voyageur qui parcourt en ce moment l'intérieur de l'Asie-Mineure. Ce pays, si remarquable par l'antiquité et l'éclat de sa civilisation, dont il renferme des traces grandioses, nous est à peine connu ; et pourtant c'est là qu'il faut aller chercher des documents irrécusables sur les origines de l'histoire, reprendre ce qui lui appartient dans ces antiques domaines de la mythologie, et suivre la chaîne qui conduit, des plus anciennes traditions, aux époques historiques les plus éclatantes. L'art aussi a d'abondantes moissons à recueillir sur la contrée qui renferme ces monuments cyclopéens si extraordinaires, et tant de ruines imposantes, protégées par le climat et la solitude.

M. Charles Texier, de Versailles, était plus à même que personne de faire un pareil voyage. Architecte distingué, il avait appliqué son art à l'illustration des antiquités nationales; et l'Académie des Inscriptions et Belles-Lettres avait couronné deux mémoires de lui, l'un sur les antiquités de Fréjus, l'autre sur celles de Reims. Plusieurs voyages dans différentes parties de l'Europe, déjà accomplis en artiste et en archéologue, l'avaient préparé à des excursions plus lointaines, et lui avaient acquis en même temps cette grande habitude des anciennes inscriptions que donne la pratique des monuments jointe à l'érudition. A ces connaissances M. Texier réunit une aptitude remarquable pour les langues; et il en a fait l'application, notamment au grec des différents âges, en fréquentant assidument pendant deux années le cours de grec moderne et de paléographie de M. Hase. Il n'est pas moins versé dans la chimie et dans la géologie. Aussi les instructions qu'il a reçues des corps savants, au moment de sont départ, sont très-variées. « Je doute, écrivait-il de Constantinople à M. Dureau de la Malle, que personne ait jamais eu en voyage plus de charges que moi, car j'en ai pour toutes les lettres de l'alphabet : archéologie, architecture, bibliographie, crâniologie, ethnographie, géologie..... que sais-je? Je n'en finirais pas. »

Les Académies des Inscriptions et des Beaux-Arts ont en effet profité de la variété de ses connaissances pour y proportionner celle de leurs instructions. De plus, fils et frère de médecins distingués, M. Ch. Texier joint des investigations physiologiques à ses recherches d'art et d'érudition. Ses connaissances dans les sciences naturelles lui ont été, comme nous le dirons, d'une bien grande utilité à Constantinople. Les deux académies l'ont recommandé très-particulièrement aux ministres de l'intérieur et de l'instruction publique, et il s'est ainsi trouvé chargé par le gouvernement d'explorer l'intérieur de l'Asie-Mineure, et de faire tous ses efforts pour examiner la bibliothèque du sérail. M. Hase lui a rédigé des instructions fort détaillées sur les points où devaient se porter principalement ses investigations archéologiques. Muni de tant d'honorables encouragements, il est parti au mois de mai 1833, quoique le modique traitement de 4,000 fr. qui lui est assigné par le gouvernement ne commençât à courir que de 1834. C'est donc à ses frais qu'il a fait tout son voyage jusqu'au commencement de cette année. Ce début, déjà fort important, s'est borné à Constantinople, qu'il a quittée seulement au mois de mai dernier pour entrer dans l'intérieur de l'Asie.

Une partie considérable de ses instructions avait rapport à cette capitale, dont l'exploration a été jusqu'à présent si difficile, et qui recèle encore tant de trésors cachés. L'ambassadeur a secondé M. Texier comme il le devait; mais c'est surtout en lui-même qu'il a trouvé des ressources. Ses talents lui ont fourni les moyens de se faire des amis et des protecteurs, par lesquels il a obtenu des choses que n'aurait jamais pu lui procurer l'ambassadeur.

Sa correspondance, adressée à ses frères, à

M. Dureau de la Malle, à M. de Bret, a été lue en grande partie, au fur et à mesure de la réception des lettres, à l'Académie des Inscriptions et à celle des Beaux-Arts. D'autres lettres, accompagnées de plans et de dessins, ont été adressées à M. Guizot, ministre de l'instruction publique. Je n'ai point vu celles-ci ; mais M. Dureau de la Malle a bien voulu me communiquer la correspondance familière, remplie non seulement des faits les plus curieux, mais de beaucoup d'esprit et de gaîté, avec ce laissé-aller d'artiste qui écarte jusqu'à l'ombre du pédantisme dans une érudition dont le quart suffirait à défrayer les prétentions de cinq ou six demi-savants.

Quand le voyageur est un homme d'esprit, il n'y a rien de plus attachant que la lecture de ses premières impressions dans l'intimité du commerce épistolaire. C'est justement ce qui ne s'imprime pas. Plus tard, pour se faire un titre de ses travaux en les publiant avec ordre, on y met une gravité qui ne comporte plus ce ton familier, et qui ôte à beaucoup de détails cette couleur de l'impression du moment, que rien ne peut remplacer. Nous n'en devons que plus de remercîments à M. Dureau de la

Malle, qui a mis à notre disposition ces lettres.

Celle du 2 février, qui est du plus haut intérêt archéologique, est datée du château des Sept-Tours. Cette célèbre forteresse, presque abandonnée aujourd'hui, se joignait par une muraille à l'ancien château des Blaquernes, palais d'été des empereurs grecs, et dont les ruines remontent à cette époque. « Les murailles qui joignent ces deux forteresses, dit M. Texier, sont encore en aussi bon état que possible, après le long délaissement auquel elles sont réduites. Ici, bien mieux qu'à Rome, on peut étudier le système de défense de ce temps, car rien ne manque à ces fortifications. L'abord est défendu par un large fossé, derrière lequel s'élève l'*Agger*, formé des terres du fossé. L'*Agger* est lui-même flanqué d'une muraille portant des tours demi-circulaires, derrière laquelle est le chemin de ronde. Enfin s'élève la grande muraille qui domine tout le système, portant créneaux et galeries. Elle est flanquée de hautes tours carrées, qui s'ajustent en échiquier avec les tours de l'*Agger*. Ces murailles ont souffert dans les temps anciens, et ont été relevées par différents empereurs dont les noms sont soigneusement inscrits à leur sommet, en y faisant mention de leurs vertus chrétiennes. On y lit les noms de Michel, Basile, Constantin Porphyrogénète, Manuel Comnène, Jean Paléologue, etc. »

Il ajoute ensuite des détails sur les matériaux de cette muraille. « Dans les murs de la Propontide, bâtis par Constantin, il est facile de reconnaître les constructions qui datent de ce fondateur. Elles sont en grands blocs de belle pierre volcanique et en calcaire d'Asie. Ses successeurs bâtirent en blocage, avec des lits de brique intercalés, comme dans les murs de Rome. Renversées du temps de Léon l'Isaurien par un tremblement de terre épouvantable, les murailles furent relevées de nouveau par l'empereur Andronic-le-Vieux. C'est sous son règne que furent placées en fondation, sous les tours et sous les murailles, ce nombre infini de colonnes de marbre et de granit qui font paraître les murailles de Constantinople comme sur des pilotis et sur des arbres couchés.

Viennent ensuite, sur l'ancienne et célèbre porte d'or, des détails pleins d'intérêt pour l'architecture et pour l'histoire, sciences que

M. Texier a su fortifier l'une par l'autre en appliquant à l'examen de Constantinople la critique judicieuse de ses mémoires couronnés par l'Institut; puis la description du château des Sept-Tours, qu'il termine ainsi :

« Aujourd'hui ce château est abandonné à la dégradation la plus complète ; les toitures tombent de vétusté, les affûts pourris des canons sont remplacés par des pierres, provenant elles-mêmes des débris de la muraille. Les figuiers, les arbousiers ont pris la place des sentinelles, et la plus heureuse végétation remplace les *victimes de l'arbitraire.* Constantinople n'a plus besoin de forteresses ; elle a l'amitié des Russes. »

Il n'est presque aucun des monuments qu'il cite dans sa correspondance dont il n'ait ou levé le plan, ou pris une vue d'ensemble, ou fait tout au moins un croquis destiné à être remplacé à son retour par un dessin terminé. Il a entre autres dessiné les obélisques de Constantinople, et retrouvé sur l'un d'eux, érigé par Théodose, l'orgue à soufflets qu'on croyait d'invention arabe, et qui n'a paru dans l'Occident qu'au temps de Charlemagne.

Dans la lettre du 9 mai : « Je suis enfin entré, dit-il, dans la célèbre église de Sainte-Irène. C'est une faveur bien rare, car il n'y a que Mouravief, à la tête de ses Russes, qui y soit entré dans ces derniers temps. J'y ai été admis par l'entremise d'un officier turc de la garde. L'église, qui est du temps de Constantin, était jadis toute décorée de mosaïques dont la plupart ont disparu. Au fond de la coupole se trouve une grande estrade en briques, où sans doute s'asseyait le chapitre. La disposition de cette église est imposante. Il est à regretter qu'elle ait perdu tous ses ornements. On a construit tout à l'entour une longue tribune en bois, sur laquelle sont déposés les trophées des Musulmans depuis la prise de Constantinople, plusieurs armures antiques, des armes des Grecs, entre autres des faux de combat. Des machines de guerre, mais qui sont toutes démontées, sont renfermées dans cet arsenal, qui mérite la peine d'être décrit en détail. Je suis obligé de remettre ce travail à mon retour d'Asie. Mais une chose qui m'a principalement frappé c'est un médaillon, bas-relief colossal, représentant une tête de Méduse. Les Turcs appellent cela le portrait de Constantin. C'est une sculpture du style grec du premier ordre. Les cheveux sont exécutés avec une rare perfection. Les prunelles sont peintes, mais j'ai lieu de croire que c'est une addition des Turcs. On voit dans cet arsenal les armures des soldats de Mahomet II, et son étendard. Les casques sont en général damasquinés en or avec des caractères arabes. Les armures des chevaux, les boucliers et tout cet attirail de guerre sont du plus haut intérêt. »

Cette lettre est écrite au moment même de son départ pour l'Asie, qu'il annonçait déjà dans la précédente. « Savez-vous, y disait-il, que je viens d'apprendre une fâcheuse nouvelle? Dans cet instant même, les Turcs sont occupés à démolir le temple d'Angora pour faire un bain. C'est un des principaux monuments que je comptais étudier. Je l'écris à M. Hase, et je lui dis combien je suis embarrassé, ne pouvant aller directement à Angora, sans faire des marches et contre-marches, ruineuses dans ma misère. Il faut auparavant que j'observe la Bithynie, une partie de la Phrygie Epictète, c'est-à-dire Azani, ville complète et superbe, Kara-hissar, aux monuments Mèdes et Persans, et Synnada, au marbre fin comme l'albâtre. De là je remonterais le Sangaris, cherchant Pessinunte comme une aiguille dans une botte de foin, et j'arriverais à Angora dans les premiers jours de juillet, peut-être assez à temps pour me jeter dans les fondations du temple. Vous avouerez que c'est faire naufrage au port. »

C'est le 16 mai que le voyageur a quitté Constantinople pour se rendre par mer à Nicomédie, qui ne renferme, dit-il, que bien peu de monuments de l'antiquité. Il donne pourtant quelques détails sur ce qui reste de ses murailles et sur un ou deux autres débris. « De Nicomédie, continue-t-il dans son rapport, je me suis rendu à Sabandja, l'ancien Sophon. » A trois lieues de Sabandja on voit un grand pont de construction romaine, long de 415 mètres. Après l'avoir dessiné, M. Texier a remonté la vallée qui est sur la rive gauche du Sangarius, et est arrivé à Nicée, la première ville qu'il ait jugée digne d'un examen approfondi. Il ne s'y est pas épargné :

« J'ai levé en six jours, écrit-il de Brousse, le 3 juin, le plan de la ville de Nicée avec tous ses édifices anciens et modernes, les portes, les tours et même les principales rues. J'y travaillais quinze heures par jour, par une chaleur étouffante. Aussi, à la fin, me trouvé-je très-fatigué. » Ce travail l'a mis à même de vérifier plusieurs choses et d'en rectifier d'autres. En reconnaissant l'exactitude d'une assertion de Strabon, qui dit que, d'une pierre placée au centre du Gymnase, on apercevait les quatre portes de la ville, il a, par cela même, constaté la place du Gymnase. Il a aussi reconnu le théâtre antique dans les ruines où Paul Lucas avait cru retrouver le lieu d'assemblée du célèbre concile auquel on doit le symbole de Nicée. Ce dernier édifice n'existe plus ; car M. Texier s'est assuré que ce n'est pas l'église actuelle des Grecs. On la faisait remonter à Constantin, d'après une inscription controuvée ; mais elle ne doit pas remonter au-delà des Paléologues.

« On y conserve, dit-il, un objet extrêmement précieux : c'est un sarcophage d'une seule pièce en pierre spéculaire. Dans tout l'Orient, je n'en ai encore vu qu'un petit morceau dans l'église Sainte-Sophie, et ici, à Angora, un carreau d'un pied dans l'église des Grecs. A Nicée on fait peu de cas de ce beau monument. Il était exposé dans l'église au choc de tous les passants. A ma prière, l'archevêque a fait mettre une barrière pour le protéger. »

Vient ensuite la description d'un charmant monument des califes, la Mosquée verte (Jescil djiami si), d'un goût délicat et d'un travail exquis. « On y remarque toute la finesse de la sculpture arabe alliée à la richesse des marbres les plus rares. Son portique, composé de quatre colonnes de front et de quatre sur les côtés, est fermé par des barrières travaillées à jour. La porte s'élève, comme dans les temples égyptiens, jusqu'à la hauteur de l'astragale. Le minaret est orné de compartiments de porcelaine bleue et verte. »

Le bord méridional du lac de Nicée, que M. Texier a suivi pendant douze heures pour aller de Nicée à Ghio, l'ancienne Cius, lui a paru un pays ravissant. « On se trouve, écrit-il à son frère, au milieu des plantes les plus inconnues en Europe. Des fleurs pendent des lianes et embaument l'air; et les bords du lac sont peuplés de mille oiseaux qui ne fuient pas à notre approche, étant si peu habitués à la vue de l'homme. » Et dans sa lettre du 16 juin, datée du Kutaya : « Le lac de Nicée est des plus admirables; il est entouré de forêts de haute futaie, sous lesquelles pousse un gazon vert et fin comme dans un parc anglais. On y rencontre à chaque pas des arbres couverts de fleurs, et que je n'ai jamais vus dans aucune serre. Les hérons, les pélicans, les cigognes se promènent là comme une basse-cour exotique. Mais il faut de grandes fatigues pour leur rendre visite. » La faim même, ce tourment si peu connu dans des pays organisés comme le nôtre, l'a fait souvent souffrir : « On ne trouve rien à manger dans les plus grandes villes, à plus forte raison dans les villages. Du lait et quelques galettes molles, voilà tout. Les légumes sont chose inconnue, à peine trouve-t-on quelques oignons. Les habitants vivent de rien, c'est une misère inconcevable au milieu du plus beau pays du monde. Nous avons traversé des forêts de quinze lieues, pleines des plus beaux bois que j'aie jamais vus. Il y a des champs et des vallées immenses et bien arrosés, où on ne trouve pas un habitant. »

Dans le trajet de Nicée à Cius, une inscription bilingue, gravée sur le roc, qu'il a lue et transcrite en franchissant une roche escarpée, lui a appris qu'il se trouvait sur une route faite de Nicée à Apamée par les ordres de Néron ; il a reconnu l'impossibilité de l'exécution des travaux commencés par Pline pour joindre le lac de Nicée avec la mer, et a rectifié l'indication du cours de la rivière de Ghio, qui ne descend pas, comme l'indiquent les géographes, du lac de Nicée, mais des montagnes du sud. Ce n'est pas, à beaucoup près, la seule erreur que lui aient offerte les cartes d'Asie. « Elles sont si mauvaises, dit-il, qu'on n'y reconnaît ni les routes, ni les noms des villages, ni les positions des villes. C'est comme si l'on n'en avait pas. » Une bonne carte de l'Asie mineure ne sera pas un des résultats les moins intéressants du voyage de M. Texier.

A Ghio, son regard d'architecte n'a pas négligé les murailles de l'antique Cius, « dont il existe encore plusieurs parties intactes, et qui sont un bel exemple de l'appareil en joints irréguliers que l'on appelle pélasgique. »

Après un court séjour à Brousse (Prusa),

où il était au commencement de juin, à Kutaya, où il est passé dans le milieu du même mois, il est enfin arrivé à l'antique ville d'Azani, dont les magnifiques ruines sont si complètes qu'on se croirait dans une ville de fées, comme il l'écrivait de Kédous, le 25 juin. Ces ruines, déjà vues par M. Delaborde, dont M. Texier y a lu le nom inscrit en grandes lettres, n'avaient pas encore été décrites comme elles le méritaient. Voici ce qu'il en écrivait à M. de Bret, membre de l'Institut : « J'ai trouvé dans la ville d'Azani les restes les plus complets et les plus magnifiques d'une grande ville grecque. Toute description que je vous en ferais aurait l'air d'une narration emphatique. J'espère vous envoyer cet hiver les dessins.

» Il est impossible de voir rien de plus beau, de plus parfait, que son temple, qui est encore presque complet. La colonne d'ordre ionique est une chose si gracieuse, que je passais des journées entières à la contempler. Les murs de la Cella sont couverts d'inscriptions relatives aux fêtes panhelléniques et à l'administration de la ville. Près du temple, il existe un grand portique d'ordre dorique grec qui est attenant à la vaste enceinte du monument.

« Un fleuve traverse la ville, en passant sous deux ponts de marbre, et toute la rive, qui était la voie des tombeaux, est encore couverte de monuments en place. Les balustrades du quai, ornées de guirlandes et de bas-reliefs délicats, se trouvent encore sur la route. A quelque distance du temple est un vaste théâtre de marbre, dont presque tous les gradins sont en place. La frise représente des chasses d'animaux. La scène est entièrement conservée. Près du théâtre est un beau stade, au milieu duquel est le *pulvinar* des magistrats. Tous ces monuments, que le temps seul a endommagés, offrent le plus bel ensemble qu'on puisse imaginer. »

Plusieurs circonstances ont augmenté, pour M. Texier, l'agrément de son séjour à Azani : il a trouvé plus de ressources qu'ailleurs, grâce aux attentions bienveillantes de l'aga de Kutaya et des habitants du pauvre village épars sur ces belles ruines. L'aga avait donné des ordres qui ont été suivis avec soin par le chiaia, ou chef du village, et les habitans. M. Texier ne manque jamais, dans ses lettres et même dans son rapport au ministre, de payer un tribut de reconnaissance aux personnes dont il a reçu de bons traitements. Plus tard, à son arrivée à Angora, après avoir parcouru près de cinq cents lieues, il écrivait à son frère : « Je n'ai pas fait, jusqu'à présent, la moindre mauvaise rencontre; les Turcs que j'ai vus sont tous honnêtes et braves gens. »

M. Texier est le premier voyageur qui ait décrit * les ruines de l'antique Synnada. « J'ai assez bien dirigé ma route dans la grande Phrygie, écrit-il à M. Dureau de la Malle ; je suis tombé juste sur l'emplacement de Synnada. C'est aujourd'hui un pauvre village rempli de fragments d'architecture et offrant encore quelques inscriptions ; mais ce qui lève tous les doutes, ce sont les immenses carrières de marbre qui existent encore à trois milles de là. C'est admirable de lire sur les lieux la description de Strabon : comme tout cela est clair, et comme il explique bien que ce n'est pas Syn-

* M. le capitaine Callier avait déjà reconnu Synnada, mais sans la décrire, n'ayant fait que traverser.

nada qui fournit le marbre, par une bonne raison, *c'est qu'elle est située sur un terrain volcanique.* Je crois aussi que, s'il fait la remarque que la petite plaine voisine de la ville était plantée d'oliviers, c'est que c'était un fait curieux comme agriculture ; car aujourd'hui, dans toute l'Asie-Mineure, les oliviers ne viennent point à une distance de vingt-quatre heures de la mer. Le climat de Synnada est froid : l'hiver il y a beaucoup de neige. »

Le village qui s'y trouve aujourd'hui s'appelle Eski-kara-hissar.

« S'il y avait, dit-il dans son rapport, le moindre doute sur la position de la ville, malgré les inscriptions que j'ai copiées, ces carrières suffiraient pour la faire reconnaître. J'ai levé un plan topographique du pays. »

Les carrières sont à l'orient de la ville et touchent à l'extrémité de la plaine qui s'étend de l'est à l'ouest. Elles s'annoncent de loin par une multitude de collines blanches comme la neige, et uniquement composées de recoupes de pierres. On est étonné de l'immense quantité de marbre qui en a été tirée. On a pénétré jusqu'au cœur de la montagne. « Ce n'est pas sans plaisir, écrit-il, que j'y ai retrouvé le beau marbre blanc veiné de violet, que j'avais déjà indiqué dans mon Mémoire sur les carrières, comme devant provenir de ce lieu. » Le marbre qu'on en tirait, continue-t-il dans son rapport, est de deux sortes : l'un parfaitement blanc, et l'autre veiné d'un beau violet, représentant une sorte de brèche. Les rochers ont été taillés à pic dans une hauteur de plus de cent pieds, pour en extraire ces grandes dalles et ces colonnes dont on admirait la beauté. « C'est delà que furent tirées les colonnes du mausolée d'Hadrien, à Rome, qui servirent ensuite à la construction de la basilique de Saint-Paul-hors-les-murs.

C'est ici le cas de citer quelque chose des observations minéralogiques de M. Texier pour montrer toute la fécondité de ses travaux. Je trouve celles-ci dans une lettre à M. Dureau de la Malle : « J'ai observé de superbes volcans dans la Phrygie brûlée; des soulèvemens de trachites à Kara-Hissar, à Serri-Hissar, et ici à Angora; le bassin de craie de Kutaya et les formations argileuses du Sangarius. Sauf quelques exceptions, ce sont ces quatre espèces qui constituent tous les terrains que j'ai parcourus. Nicée est sur le calcaire alpin; Nicomédie sur le grès rouge, passant au grawake dans les vallées. J'ai peu vu d'exemples d'épanchements de trachites aussi beaux que ceux de Kara-Hissar (le château noir). Ce sont huit îlots placés au milieu d'une plaine unie, et disposés circulairement sur deux lignes concentriques. J'ai relevé un plan de cette ville et dessiné tous les rochers à la chambre claire. J'en fais de même partout où je trouve des formations intéressantes. Pour les échantillons, j'en recueille peu, par la raison de l'extrême difficulté du transport. »

Dans les montagnes du nord de la Phrygie, le voyageur avait à reconnaître les tombeaux d'anciens rois de cette célèbre contrée, monuments que leurs proportions gigantesques feraient croire au-dessus des forces naturelles de l'homme. Le grandiose outré de ces immenses sculptures taillées dans le roc, ou plutôt de ces rochers entiers sculptés en diverses figures, ou superposés pour produire d'étonnants effets, n'est pas le seul motif de la longue durée de ces tombeaux. Les anciens plaçaient ordinairement leurs nécropoles dans des endroits pierreux et stériles, pour ne pas enlever à la culture des terrains ayant de la fertilité. Ces lieux, n'offrant aucune ressource aux peuples qui ont ensuite occupé le pays, n'ont pas été fouillés ; car il est rare que les hommes, même les plus barbares, aient détruit pour le seul plaisir de détruire. Tout autre intérêt que celui d'une savante curiosité, au lieu d'attirer l'homme en ces lieux arides, l'en détournait. Mais, pour l'archéologue, peu d'endroits offrent un attrait aussi puissant. Ces monuments phrygiens rattachent, comme nous l'avons dit, la mythologie à l'histoire, dont ils sont, en quelque sorte, les plus anciens titres. Tel est le tombeau du roi Midas, dont la grotte fut découverte par M. Walpole, qui en transcrivit les inscriptions. Elles le furent ensuite par le colonel Leake, qui les publia en 1821, dans un volume intitulé *Asia minor*. On est fort incertain sur le sens de ces épigraphes dont les savants ont essayé quatre ou cinq explications différentes. Les seuls mots sur lesquels ils soient tous d'accord sont les premiers, où on lit d'abord le nom du roi Midas, qui reparaît plusieurs fois dans le cours de l'inscription avec celui de Gordius. L'antiquité des caractères phrygiens se joint à celle du style pour rendre cette lecture aussi difficile.

Si la découverte de ce monument est due à des Anglais, elle a reçu une grande extension de notre voyageur. « C'est une difficulté extrême, dit-il dans son rapport, de parcourir ces pays qui sont absolument déserts. Ayant pris des guides et quelques provisions, j'ai exploré une contrée qui était tout-à-fait inconnue. J'ai trouvé deux nécropoles semblables à celles de Séid-el-Ar, aux lieux nommés Birk-hinn et Imbazardji-hinn. Les Turcs appellent *hinn* les chambres sépulcrales. Elles sont situées au milieu des forêts, et à une demi-journée de Bayat. Il est bien difficile d'indiquer plus exactement leur place... Toutes ces montagnes sont excavées pour y placer des sépulcres. On les compte par milliers. En remontant toujours vers le nord, j'arrivai à la demeure d'été des habitants de Kosrew-pacha-kan. J'étais voisin de la vallée où le colonel Leake a découvert un monument portant une inscription. Les habitants l'appellent Jasili-kaïa (la pierre écrite). J'ai parcouru toute cette vallée solitaire, et j'ai trouvé, dans un des lieux les plus inaccessibles de la forêt, deux autres monuments dans le même style, dont l'un est tout chargé de caractères phrygiens. Ils sont taillés dans le roc et portent des ornements dans un style particulier. Non loin de là, j'ai dessiné un monument sépulcral tout aussi remarquable. Je ne saurais décrire les innombrables tombeaux de tout genre qui se trouvent dans ces lieux. Tout porte à croire que j'ai découvert la vallée des tombeaux des rois de Phrygie. »

Une découverte, qui appartient en propre à M. Texier, est celle de la ville de Pessinunte, sur la position de laquelle il avait pour tout renseignement qu'elle se trouvait sur la route de Nicée à Amuria. Une des cartes les plus récentes l'indiquant au village de Kahé, il a fait quinze lieues, après avoir découvert Pessinunte, pour s'assurer s'il y avait là d'autres ruines, et, en revenant, il a failli se noyer dans le Thymber (ajourd'hui Poursak). C'est au lieu appelé Baldassar que sont ces belles ruines de Pessinunte, où il a reconnu l'acropole, le portique d'enceinte du grand temple, l'ancienne enceinte d'une basilique, un portique d'ordre grec, et les gradins du théâtre. La ville était située sur trois collines, à l'intersection de deux vallées, sur le revers d'une desquelles un monceau de blocs de marbre blanc et de colonnes renversées lui a paru représenter les ruines d'un temple d'Esculape, car il y a copié une inscription votive en l'honneur de ce dieu. Toute la vallée est dominée par une montagne élevée, qui est le Didyme.

A Angora, le monument qui devait appeler principalement l'attention de notre voyageur, et pour lequel il s'était hâté de partir, d'après l'avis de sa prochaine destruction, est le fameux temple d'Auguste. Cet empereur, en mourant, déposa entre les mains des vestales son testament avec trois autres écrits également cachetés.

« L'un, dit Suétone, renfermait l'ordonnance de ses funérailles; le second, un exposé de ses actes qu'il voulait qu'on gravât sur des tables d'airain scellées devant son tombeau; et le troisième, une notice générale de l'administration de l'empire. » Les tables d'airain où fut gravé le second de ces importants documents ont péri depuis bien des siècles. Chishull fait à ce sujet des réflexions très-justes, dans son savant ouvrage intitulé *Antiquitates Asiaticæ*. Le bronze a toujours offert à la cupidité un appât qui est devenu une cause de destruction pour les monuments de ce métal. Le marbre n'avait pas le même inconvénient, surtout dans les pays où il abonde. C'est ainsi que nous a été conservé cet abrégé de la vie d'Auguste, que les habitants d'Ancyre, aujourd'hui Angora, firent graver sur les murs mêmes du temple élevé chez eux à cet empereur.

On sait que l'antiquité fit un grand usage de l'airain et du marbre pour consigner une foule d'événements, proclamés et propagés si facilement de nos jours par les cent voix de la presse, surtout de la presse quotidienne. Il est curieux de lire quelquefois sur du marbre jusqu'à de petits faits comme ceux d'une courte annonce de journal, mais qui intéressaient l'amour-propre ou les affections de quelque particulier. Par exemple, un malade fait graver sur une table de marbre, placée au bord d'une route, que tel médecin l'a guéri de telle maladie, etc.;

un de ces petits monuments arrive jusqu'à nous après vingt siècles ; nous y reconnaissons que l'esprit humain essayait déjà les moyens informes d'une publicité dont l'étonnant perfectionnement est la plus grande merveille de nos temps. A plus forte raison faisaient-ils servir ces durables moyens de publicité à tous les actes publics de gouvernement ou d'administration, comme les trois inscriptions en latin sur des affaires civiles, et la lettre en grec de l'empereur Hadrien, que M. Texier a trouvées à Azani. Pour toutes les pièces de ce genre on connaît le fréquent usage des inscriptions : ce qui rend l'histoire lapidaire si importante dans l'étude historique de l'antiquité.

Un de ses plus graves monuments est, sans contredit, cette vie d'Auguste, rédigée par lui-même, et remise aux vestales avec tant de solennité. On n'en savait que ce court passage de Suétone, jusqu'en l'année 1554, où Auger Gisler de Boesbec et Antoine Wrantz, ambassadeurs de l'empereur Ferdinand près la Porte-Ottomane, firent faire par leurs gens une copie fort incorrecte de cette inscription. Elle fut ensuite relevée avec moins d'inexactitude par

Daniel Cosson, puis par Tournefort. Voici ce qu'en disait ce dernier : « Les pierres sont attachées ensemble par des crampons de cuivre, comme il paroît par les trous où ils étaient enchassez. Les maîtresses murailles ont encore 30 ou 35 pieds de haut. Pour la façade, elle est entièrement détruite. Il ne reste plus que la porte par où l'on entroit du vestibule dans la maison. Cette porte, qui est quarrée, a 24 pieds de haut sur 9 pieds 2 pouces de largeur; et ses montants, qui sont chacun d'une seule pièce, sont épais de 2 pieds 3 pouces. C'est à côté de cette porte, qui est toute chargée d'ornements, que l'on grava la vie d'Auguste en beau latin et en beaux caractères. L'inscription est à trois colonnes à droite et à gauche; mais, outre les lettres effacées, tout est plein de grands trous, semblables à ceux qu'auroient pu faire des boulets de canon. Et ces trous, que les paysans ont fait pour arracher les crampons, ont emporté la moitié des caractères. »

M. Texier aura sans doute été le dernier qui ait visité ce monument. « Aujourd'hui, dit-il, tout le mur gauche de la Cella est abattu; ce beau monument n'a plus que peu de moments à espérer. »

« L'*Augusteum* d'Angora, dit-il dans son rapport, était un temple périptère construit tout en marbre blanc, avec un soin tel, que les joints des pierres sont imperceptibles, même après dix-huit siècles. Il ne reste aujourd'hui que les murs de la *Cella* et le mur du *Pronaos*, avec une admirable porte... C'est à droite et à gauche de cette porte qu'est inscrite la vie d'Auguste. A l'extérieur du temple il existe des inscriptions grecques, dont une partie est cachée par les maisons; mais j'en ai copié suffisamment pour me convaincre que ce n'est qu'une paraphrase de l'inscription latine. L'intérieur de la Cella était encore complet, il y a quatre ans; mais le caprice d'un Turc lui a été plus nuisible que dix-huit cents années; on en a démoli la majeure partie pour faire un bain. »

Il est à regretter que notre gouvernement n'ait pas acheté à ce Turc les parois où est écrite la vie d'Auguste. Ç'aurait été une des pièces les plus remarquables du Musée des Antiques; comme le monument lapidaire le plus intéressant de l'antiquité. Quant aux nombreuses lacunes que lui avaient fait subir dès longtemps de barbares dégradations, on peut avoir l'espoir que la partie de la paraphrase grecque transcrite par M. Texier les remplira pour la plupart, et ce ne sera pas un des moindres services qu'aura rendus aux sciences historiques le voyage de l'habile et courageux architecte.

Mais les découvertes si intéressantes pour l'art et la science, qui signalent son trajet de Constantinople à Angora, pâlissent auprès des surprises qui lui étaient réservées dans son retour d'Angora au littoral de la mer Ionienne. Car ce voyage, comme un drame bien conduit, a offert, cette année, un intérêt croissant par les succès du voyageur autant que par ses tribulations. Celles-ci ont consisté dans les graves atteintes que sa santé a souffertes. Elles ont été au point que, lorsqu'il débarqua à Smyrne, à la fin d'octobre, le médecin du vaisseau *la Ville de Marseille* dit en le voyant descendre à terre : « Voilà un homme qui n'en a pas pour vingt-quatre heures. »

C'étaient les suites effrayantes d'une violente

attaque de choléra qu'il avait eue en traversant le Taurus, sans se douter heureusement alors que ce fût cette terrible maladie. Mais on l'a reconnue ici à la description des symptômes ; il donne à son frère, sur les vomissements et la dyssenterie dont il fut attaqué, des détails qui ne laissent aucun doute à cet égard. Et quelle situation pour se soigner ! « Ma traversée du Taurus, écrivait-il de Smyrne, le 22 octobre, à M. Dureau de la Malle, a été des plus pénibles : arrêté à chaque instant par des vomissements affreux, et sans même pouvoir descendre de cheval, car avec une heure de retard il fallait coucher dans les rochers. » Et dans une lettre de la même date à son frère : « On ne sait pas, en Europe, dit-il, ce que c'est qu'un accès de fièvre. J'étais obligé de me mettre du coton dans la bouche pour ne pas me briser les dents, et je n'avais pour tout potage qu'un peu d'eau dans une cruche égueulée. » Quand il eut un peu plus de ressources, ses connaissances en médecine, en lui indiquant les moyens de se traiter lui-même, se sont jointes à son courage pour le tirer d'un si mauvais pas. Un fond de persévérance et de gaîté, un esprit disposé à voir le bon côté des choses, sont les premières conditions de salut dans d'aussi terribles épreuves, et prouvent en même temps que lorsque la plainte prend le dessus, les motifs en sont bien légitimes.

Telles sont les qualités nécessaires à ces aventureux apôtres de la science, si différens de nous autres littérateurs de coin du feu, exploitant à notre aise les notions acquises au prix de tant de dangers. Pour les montrer dans M. Texier, nous avons cité les passages les plus familiers de ses lettres. L'on a pu y voir comme il se félicite de tout le bien qui lui arrive : un bon accueil, un gîte passable, un repas restaurant, des indications données avec bienveillance le trouvent toujours disposé à une reconnaissance qu'il aime à exprimer. La plainte chez lui est l'exception. Pourtant, dès ses premiers pas en Asie, sa santé avait été ébranlée : il avait éprouvé des douleurs dans la région du foie ; et ces douleurs étaient devenues très-vives à Brousse ; il avait pris des eaux thermales ferrugineuses, qui sont dans un village à une lieue de cette ville. Ce traitement avait été précédé de bains de vapeurs, de sangsues et de ventouses qui lui furent appliquées aux bains à Brousse. Cela donna même lieu à une petite scène assez grotesque.

« Avec mes ventouses, dit-il, je me fis tirer quelques onces de sang. L'aga, qui se baignait, me demanda la permission de se faire saigner aussi avec ; et, sans en avoir autrement besoin, il se fit appliquer sur les épaules deux paires de lunettes qui lui resteront long-temps. Malgré la douleur que j'éprouvais, je ne pouvais m'empêcher de rire. »

M. Texier non seulement se rétablit, mais se munit d'une provision de santé dont nous l'avons vu faire un si bon usage jusqu'à Angora. Il écrivait de cette dernière ville : « Malgré les fatigues des routes, je me porte bien dans ce pays ; j'ai repris de l'embonpoint. » Et pourtant, d'après le relevé de ses comptes, il avait déjà payé 250 postes, par conséquent parcouru à cheval 460 lieues. Il lui en restait encore 240 pour arriver à Césarée.

C'est après son séjour dans cette ville qu'ont commencé les grandes tribulations. « J'ai passé dans le couvent de Césarée, écrivait-il à son frère (Smyrne, 22 octobre), les plus chaudes journées d'août, traité par l'archevêque comme l'enfant de la maison : c'étaient mes derniers beaux jours. »

« Depuis ce moment, écrit-il à M. Albert Lenoir, j'ai souffert tout ce qu'on peut éprouver de maladies, de faim et de fatigues, au point que j'arrive à Smyrne, épuisé et d'une faiblesse à ne pouvoir me soutenir. Mais j'ai lieu d'être satisfait de mon voyage, car j'ai découvert, sur les frontières de la Galatie, une ville de la plus grande importance. Figure-toi plus de trois milles carrés de terrain, couverts de monuments cyclopéens d'une belle conservation, des citadelles, des palais, les murailles avec les portes ornées de têtes de lions, et des glacis comme ceux de nos places, inclinés à 35 degrés et de 10 à 12 mètres de pente, un temple immense dont l'appareil est admirable. Il est entouré de part et d'autre de cellules ou chambres, dont une seule pierre forme la paroi, et qui cependant ont 6 à 7 mètres de longueur. »

Avant d'arriver à ces superbes ruines, M. Texier avait reconnu dans la ville moderne de Galagik, *Galaton-Teikos*, l'ancienne cité des Gallo-Grecs, *Galatæ.* Il avait ensuite suivi le cours de l'Halys, et, deux jours après l'avoir quitté, il était arrivé à ces ruines. « Si les géographes, écrit-il à M. Dureau de la Malle, n'étaient pas aussi unanimes pour placer Tavia au bord de l'Halys, je croirais que j'ai trouvé Tavia. Ce temple ne serait pas autre chose que le temple de Jupiter avec l'asile. Mais la découverte de cette ville, fort importante par elle-même, est effacée par celle d'un monument que j'ai trouvé dans les montagnes voisines, et qui doit se placer au premier rang des monuments antiques connus. C'est une enceinte de rochers naturels, aplanis par l'art, et sur les parois de laquelle on a sculpté une scène d'une importance majeure dans l'histoire de ces peuples. Elle se compose de soixante figures, dont quelques-unes sont colossales. On y reconnaît l'entrevue de deux rois qui se font mutuellement des présents. »

Dans l'un de ces personnages, qui est barbu, ainsi que toute sa suite, et dont l'appareil a quelque chose de rude, le voyageur avait d'abord cru distinguer le roi de Paphlagonie; et dans l'autre, qui est imberbe, ainsi que les siens, il voyait le roi de Perse monté sur un lion et entouré de toute la pompe asiatique. Mais sa lettre, datée de Constantinople, le 14 décembre, nous apprend qu'il a changé son interprétation. En communiquant ses dessins et ses conjectures aux antiquaires de Smyrne, qu'il a trouvés fort instruits, il s'est arrêté à l'opinion que cette scène remarquable représentait l'entrevue annuelle des Amazones avec le peuple voisin, qui serait les Leuco-Syriens; et la ville voisine, où le témoignage des géographes l'avait empêché de reconnaître Tavia, serait Thémiscyre, capitale de ces peuples.

Cette explication ne paraît pas avoir obtenu l'assentiment des maîtres de la science. Toutefois plusieurs auteurs anciens, que M. Texier n'a pu consulter à Constantinople, parlent de cette entrevue annuelle des Amazones avec les hommes d'un pays voisin. Pline dit qu'elle durait cinq jours, les seuls de l'année où cette nation de femmes guerrières eût, avec un sexe qu'elle méprisait, des rapports indispensables pour se perpétuer. Au bout de neuf mois, on faisait, parmi les enfants qui naissaient, un triage, à la suite duquel on gardait les filles, et l'on renvoyait les garçons au peuple qui avait fourni les pères. Pline nomme ceux-ci *gynœcocratumeni*, mot dont l'énergique composition indique la sujétion où ils étaient, vis-à-vis des Amazones, leurs voisines. Cette entrevue paraît avoir été le principal ou le seul tribut qu'elles exigeaient d'eux.

Ici donc, la pompe qui entoure le personnage imberbe, suivi d'un magnifique cortége également imberbe, indique naturellement les Amazones et leur supériorité; tandis que la barbe, la massue et l'appareil beaucoup plus simple de l'autre cortége s'appliquent très-bien aux Leuco-Syriens, que leur sexe rendait ainsi tributaires de leurs superbes voisines. Ce monument si antique serait donc, d'après cette explication, un nouveau témoignage de l'existence des Amazones, admise par plusieurs savants, malgré son invraisemblance.

« J'ai trouvé encore, dit le jeune voyageur, sur une partie de rocher voisine, une figure colossale de roi, portant un emblème indéfinissable; dans une autre anfractuosité de rochers, sont d'autres figures plus faciles à dessiner qu'à décrire, dont les bras sont des têtes de lion et les jambes des monstres marins. Les coiffures sont des casques coniques tout couverts d'ornements. »

M. Texier a joint à sa lettre du 14 décembre un croquis de cette dernière figure, qui a été examinée avec beaucoup d'attention à l'Académie des inscriptions. Les traits offrent tout-à-fait le type égyptien, et présentent ce caractère si constant dans lequel M. Dureau de la Malle, par un savant mémoire lu à l'Académie des sciences en 1831, a cru pouvoir établir une variété de plus dans l'espèce humaine. Ce caractère consiste dans la situation du trou auditif, qui ne se trouve pas, comme chez les autres hommes, sur la même ligne que l'aile du nez, mais sur celle des yeux, l'oreille étant beaucoup plus élevée. Cela est non seulement sensible dans toutes les statues égyptiennes et dans toutes les momies, mais encore aujourd'hui chez tous les Égyptiens de race pure.

M. Texier a continué, comme dans la première partie de sa route, à faire marcher de front les sciences naturelles avec les observations d'art et d'archéologie. La description qu'il donne des traces volcaniques de la plaine de Césarée est aussi curieuse que pittoresque dans la familiarité de son style épistolaire :

« Le fameux mont Argée, toujours couvert de neige, n'est qu'un immense volcan comparable à l'Etna. La masse de l'Argée est trachyte et porphyre. Je ne saurais vous donner une idée de ces terrains d'Uryub, composés d'immenses cônes de ponce et de sable. Mettez dans une chambre des pains de sucre qui couvrent tout le sol, et faites cheminer là-dedans des hommes d'un pouce de haut, voilà Uryub. Ce phénomène comprend un terrain d'environ sept lieues sur quatre. Les anciens ont creusé, dans ces cônes, des multitudes de tombeaux. De sorte qu'on trouve là la nature et l'histoire offrant simultanément des problèmes presque insolubles. La réunion de ces grottes forme aujourd'hui des villages; il n'y a rien de plus pittoresque. Paul Lucas avait vu ces lieux en 1713, et, quand il les a racontés, on l'a traité de menteur. »

Voilà un aperçu de la riche moisson de faits et d'observations de tout genre que M. Texier rapportait mourant à Adalia. Le bon pacha de cette ville, par les soins qu'il lui a aussitôt prodigués, aurait été pour lui, comme l'archevêque de Césarée, une seconde Providence, si l'espoir (qui ne s'est pas réalisé) de trouver encore plus de ressources à Smyrne, où nous avons un consul, ne l'avait fait, au bout de quelques jours, s'embarquer pour cette ville, où nous l'avons vu arriver dans un si pitoyable état. Il a fini pourtant par s'y remettre assez pour arriver en pleine convalescence à Constantinople, où il s'est rétabli entièrement.

La peste, qui, pendant la fin de 1834, a sévi avec force dans Constantinople, le força, depuis son retour, à se tenir renfermé chez lui, à Péra. Dès qu'elle diminua, l'heureuse coïncidence du retour complet de sa santé lui permit de reprendre ses travaux sur les monuments. Il a été désagréablement surpris de retrouver Sainte-Sophie tout fraîchement badigeonnée à la chaux. Voilà une velléité d'imitation civilisatrice qui n'est pas des plus heureuses. L'incurie précédente était peut-être plus respectueuse pour ces antiques édifices.

M. Texier est parvenu à se procurer des notes sur les revenus et l'administration des mosquées, ce qui jusque là n'avait jamais été communiqué à aucun Européen. A plus forte raison, avait-il pu, dès avant son départ pour l'Asie, examiner les églises que, depuis la prise de Constantinople, les Grecs ont pu conserver, malgré l'intolérance des Ottomans. Presque toutes sont ornées de belles mosaïques, dont quelques-unes remontent jusqu'au siècle des Comnènes et même au-delà. Dans l'église de la Panagia, M. Texier en a vu qui, par l'élégance du style et l'éclat des couleurs, rappellent les plus belles compositions du Corrége. Toutes ces mosaïques ont été fidèlement copiées par l'habile architecte, l'un des premiers Européens qui aient étudié, à Constantinople même, les commencements, les progrès et la décadence de l'art bysantin.

On pense bien qu'il n'a pas perdu son temps dans sa retraite de Péra. Outre la rédaction des notes prises dans son voyage et l'exécution des dessins du grand bas-relief, il a rédigé, sur la culture de l'opium telle qu'il l'a observée en Asie, une note qu'il a envoyée à M. Guizot et à l'Académie des Sciences.

En revenant à Stamboul, il donne suite

à des observations physionomiques, dont il avait déjà envoyé un résultat très-intéressant à M. Edwards, membre de l'Académie des Sciences morales. « L'histoire de cette ville, dit-il, est écrite sur la physionomie de ses divers habitants. L'Arabie, la Perse, le cœur de l'Afrique, les steppes de la Tartarie, ont envoyé ici leur contingent de population. Tant de nations vivent côte à côte avec les anciens possesseurs de Bysance sans jamais s'unir à eux. Chacun a son quartier, ses mœurs, ses préjugés. C'est un résumé de l'Orient entier : vaste champ d'étude sans sortir d'une enceinte. »

« La population de Constantinople comprend quatre grandes classes (j'en excepte les Européens, qui habitent tous à Péra et à Galata), distinctes par leurs religions; elles sont formées par les *Grecs*, les *Juifs*, les *Arméniens* et les *Turcs*. Ces derniers se subdivisent en un nombre infini de nations qui composent tout l'empire ottoman, et dont les caractères dérivent des anciens peuples de ces provinces : *noirs*, fils d'esclaves du Sennaar; *Arabes cuivrés* ou *blancs*; *Trébizondais*; *Tartares*; *Persans*;

*Turcs*, fils de Turcs et d'esclaves; *Turcs*, fils d'hommes et de femmes turcs; l'armée enfin, recrutée dans toutes les provinces d'Europe et d'Asie.

» D'après l'usage adopté par les Turcs de s'allier à des esclaves apportées de différents pays, il est facile de concevoir que, de toutes les nations qui composent la population de Constantinople, ce doit être le sang des dominateurs du pays qui est le plus mélangé, et, parmi les Turcs, celui des classes les plus élevées. Aussi les seigneurs du pays, issus presque tous de belles esclaves géorgiennes ou grecques, ont-ils un caractère de figure qui diffère essentiellement des classes inférieures du peuple.

» Celles-ci ont toujours conservé des traits qui les rapprochent de la race tartare, c'est-à-dire les pommettes saillantes, les tempes légèrement déprimées, l'arcade orbitaire relevée vers les angles externes, et la tête allongée de l'avant à l'arrière. Ce dernier caractère est commun aux deux classes, et est d'autant plus facile à observer, que, si l'on entre le matin chez un barbier, on voit des Turcs de tous les rangs qui offrent leurs têtes aux regards de l'observateur, en même temps qu'au rasoir du barbier. Le nez est assez court, arrondi du bout, et les ailes des narines un peu relevées.

» Les Turcs distingués sont issus du sang géorgien, quelquefois de père et de mère; car les seigneurs musulmans sont dans l'usage d'acheter de jeunes enfants de ce pays, qu'ils adoptent et qu'ils élèvent ensuite aux plus hautes dignités. Le plus grand nombre des membres du gouvernement du sultan est dans ce cas aujourd'hui. On en compte à peine trois qui soient Turcs de pur sang. Le caractère du seigneur turc est celui qui passe chez nous pour celui du véritable musulman, c'est-à-dire un nez aquilin, des yeux petits, mais vifs et oblongs, le front arrondi, la bouche petite, le teint plutôt blanc que foncé, les oreilles développées, mais appliquées sur le temporal. »

Après des observations du même ordre sur les autres nations qui forment la Turquie, comparées aux anciens peuples qui les ont précédées dans leurs pays respectifs, le savant voyageur ajoute : « Pas un coin de cette Asie qui n'ait été colonie, république ou royaume; pas un ruisseau qui n'ait été fleuve. Réseaux de peuples qui se recouvrent les uns les autres.... Entre ma lampe qui vacille et mon sablier qui s'écoule, j'appuie ma tête sur ma main, et je contemple cette terre de souvenirs. La lune brille sur les neiges de l'Olympe, et la mer frémit à la côte. Nations, nations! venez donc me dire ce que vous avez été! Mais je n'entends que les joies nocturnes du Ramazan et le softa qui appelle à la prière. »

Dans les lettres de Constantinople, qui racontent avec détails son séjour en Cappadoce, une foule de traits vifs, pleins de finesse d'observation, nous donneraient la tentation de les citer, si nous n'étions retenus par les faits plus importants qui réclament la préférence. Ainsi nous ne transcrirons pas les curieuses observations de mœurs qu'offre son séjour au couvent de Césarée, où l'archevêque de cette ville était alors en retraite; l'étonnement qu'il causa à ces prêtres arméniens en leur dessinant le costume d'une jeune mariée chez nous; le cri d'incrédulité et de stupéfaction qui fut poussé par le prélat et par tous ses moines quand il leur dit qu'en France les dames ne portaient pas de pantalons ; la réputation de menteur que lui valut même, auprès de ces religieux, un conte aussi audacieusement invraisemblable ; le style bizarre du seul moine arménien qui sût un peu le français, et qui, l'ayant appris dans quelque grammaire vieille de deux siècles, lui parlait comme du temps de Henri IV, disant : *Trouvez-vous plaisant de chevaucher?* au lieu de : Aimez-vous à monter à cheval? et lui offrant une prise de *nicotiane*, en lui présentant sa tabatière.

Nous ne parlerons même pas de cette fête de saint Jean Prodome, patron du couvent, où les Arméniens se rendent des contrées les plus éloignées, des possessions russes, de la Perse, de toutes les parties de l'Asie, avec une bizarrerie, une richesse et surtout avec une variété de costumes facile à concevoir, en se rappelant à combien de nations diverses appartient cette communion nombreuse et disséminée. Nous ne ferons aussi qu'indiquer le costume des femmes grecques d'Eneghi, dont la coiffure est un haut bonnet portant deux grandes cornes qui font ressembler leur tête à celle d'un bœuf; et cette messe, où le voyageur, en sa qualité d'étranger, et d'après la recommandation du patriarche, fut admis dans le lieu réservé aux femmes : « Je montai, dit-il, dans une galerie sombre et enfumée, éclairée par des cierges de cire jaune. Au milieu de tous ces êtres cornus, chantant des cantiques sur des airs traînants et barbares, il me semblait que j'assistais à une messe entendue par des démons. »

Nous laisserons tous les détails de ce genre pour arriver à cette vallée de l'Uryub, indiquée déjà d'une manière si pittoresque dans ses anciennes lettres, et dont voici une description plus détaillée :

« Après avoir franchi une montagne qui borne l'horizon, le tableau le plus étonnant s'offre aux regards, c'est la ville d'Uryub. Elle est située à l'ouverture d'une large vallée. Il semble de loin que ses habitants demeurent dans des ruches colossales, amas de cônes réguliers et blancs comme la neige. Toute l'immense vallée, qui a sept lieues de long, est remplie de ces singulières formations, et les anciens y avaient établi une nécropole, qui a dû, si l'on en juge par son immensité, recevoir les générations de plusieurs villes. Les chambres sépulcrales s'y comptent par milliers, et plusieurs sont tellement vastes et bien disposées, que les habitants actuels n'ont eu que la peine de construire une façade devant l'entrée pour avoir une maison commode.

» Sur les parois de la vallée, où l'on voit les cônes naître comme des végétations, les eaux, en s'écoulant, commencent à former la pointe, et les cônes augmentent à mesure que le ruisseau se forme un lit plus profond. On voit de ces pyramides qui ont à peine un mètre de haut; plus bas dans la vallée elles ont plus d'élévation, et enfin les plus élevées sont au centre.

» A Martchiann, les cônes sont d'une hauteur gigantesque (80 à 100 mètres), et, comme la roche est un peu plus dure qu'ailleurs, les anciens se sont plus à décorer l'entrée des tombeaux d'ornements un peu plus soignés. Plusieurs frontispices sont supportés par des colonnes d'ordre dorique avec des antes aux angles. Un entablement complet et un fronton les surmontent.... Les habitants de ces lieux m'ont assuré n'avoir jamais rien découvert dans ces tombeaux, pas même des ossements...

» D'après leur examen, on ne saurait assigner de limite à la création et à l'abandon de ces nécropoles. Il est certain cependant qu'elles ont été en usage même pendant l'époque bysantine, car dans plusieurs chambres on remarque des croix sculptées, et dans un lieu de la vallée, nommée Keurémé, on voit encore des chapelles et des tombeaux chrétiens, avec des peintures à fresque d'une conservation parfaite. C'est cette circonstance qui a valu à ces lieux le nom de *Bin bir kilisia,* les mille et une églises; car les Turcs et les Grecs sont persuadés que chaque tombeau était une chapelle.

» A *Keurémé* les cônes se multiplient et reçoivent les formes les plus étranges. Le fond de la vallée est un sable argileux, d'un rouge ardent; les cônes conservent toujours la couleur blanche.

» En errant au clair de la lune dans ces lieux qui n'ont rien de la terre, les yeux ont peine à se faire à ces formes bizarres : l'imagination les arrange; on croit voir de blanches cathédrales dont les mille flèches s'élancent dans les airs ; ce sont de longues phalanges de moines, couverts de leurs cuculles, de pâles fantômes enveloppés de linceuls, qui glissent sur un torrent de flammes. Pas un brin d'herbe ne croît sur ce terrain, dont la surface se renouvelle sans cesse; pas une source ne rafraîchit la terre. C'est un désert à perte de vue, un sol hérissé qui semble appartenir à une autre planète. »

Que de réflexions ne fait pas naître l'étrange destinée de ces lieux dans la nature et dans la société! Ces perturbations du globe, offrant, au milieu de l'aridité la plus inféconde, des monuments où tant de générations sont venues confier pieusement les restes de leurs morts; ensuite une population, sans doute bien peu favorisée du sort, profitant de ces demeures funèbres, âgées de tant de siècles, et transportant dans ces tombeaux, sinon les aisances, du moins les mouvements de la vie. Quelles ruines solitaires, conservant l'imposant témoignage de leur splendeur passée, seraient plus curieuses à consulter, sur les contrastes dont elles furent témoins, que ces cônes antiques de la plaine d'Uryub?

Les observations géologiques de M. Texier sur cette plaine, dans son rapport au ministre, signalaient partout des traces volcaniques de différents âges.

« Le mont Argée, dit-il, appartient à une formation isolée. Il suffit d'observer sa forme pour être convaincu que cette montagne ne doit son origine qu'à l'action de feux souterrains, et l'examen géognostique ne dément pas cette conclusion... Du pont de l'*Halys* jusqu'au village d'*Erkilet*, qui domine la plaine de Césarée, la distance est de cinq lieues. Les terrains n'offrent plus ces terres unies couvertes de troupeaux ; mais on traverse un pays qui porte les traces les plus effrayantes des catastrophes volcaniques ; des vallées profondes sillonnent le pays ; on voit que leur formation est plus récente que l'épanchement des laves, car des blocs immenses ont roulé jusque dans le fond et montrent leurs flancs déchirés, formés de couches alternatives de laves scoriacées, de tufs et de laves en forme de brèche...

» La plaine de Césarée, qui, aujourd'hui, est couverte d'une couche de terre végétale suffisante pour y cultiver le blé, était jadis absolument stérile. On voit encore, dans plusieurs parties, le terrain inférieur qui se compose d'une épaisse couche de tuf volcanique, et dont la surface est tellement unie que l'on croirait marcher sur un dallage fait avec soin. On observe seulement de longues fissures en ligne droite, et qui divisent le tuf en polygones irréguliers. Mais ces terrains si unis sont coupés par des gouffres profonds, qui ne paraissent devoir leur origine qu'au retrait des laves par l'effet du refroidissement. C'est de ces longues vallées de retrait que sortaient encore des flammes du temps de Strabon. »

« Ainsi, quoique le mont Argée doive être, par la nature de ses roches constituantes, rangé dans la classe des volcans anciens, il est hors de doute que, dans les temps historiques, ses flancs et la plaine qui l'environne ont encore offert des traces de phénomènes volcaniques. »

Ces passages, extraits du rapport du 25 février, offrent des rapprochements bien remarquables avec la lettre de Smyrne, du 15 septembre, par laquelle M. Texier raconte à M. Arago le tremblement de terre qui s'est fait sentir dans ces mêmes lieux le 15 août 1834. Le récit des terribles effets de cette catastrophe, lu à l'Académie des Sciences, a été inséré en entier, d'après cette lettre, dans le compte-rendu de la séance du lundi 19 octobre. Nous nous bornerons à rappeler qu'il s'éleva du pied de l'Argée, non pas seulement quelques flammes, comme au temps de Strabon, mais une épaisse fumée d'où s'échappèrent, avec d'effroyables détonnations, des colonnes de feu. Plus de deux mille maisons furent renversées à Césarée, où les secousses se succédaient avec tant de violence et de rapidité, qu'on se serait cru sur mer pendant une tempête. Tous les villages au sud de l'Argée, sur une ligne de plus de trente milles, ont horriblement souffert. Il a péri une quantité considérable de monde ; un lac a pris la place du village de Kometzi!... etc.

« Après un semblable événement, écrivait M. Texier, il est permis de douter que cette contrée ait été en repos depuis les dernières catastrophes dont la mémoire est venue jusqu'à nous ; mais il est probable que, renouvelées à de longs intervalles, elles ont été oubliées par les habitants. »

Mais reprenons notre voyageur à sa sortie d'Uryub. Plus il avance, plus les ressources commencent à lui manquer. Les pays qu'il parcourt sont entièrement déboisés; les habitants n'ont absolument d'autre combustible que de la bouse de vache, de vastes plaines leur permettant au moins de nourrir de nombreux troupeaux. Mais bientôt l'eau même devient si rare, que des localités prennent leur nom de son entière privation. Un voyage n'est pas une partie de plaisir dans de pareils pays. C'est sur les montagnes arides de la Lycaonie que la fièvre vint se joindre à ces incommodités.

« Au village de Devrent nous ne trouvâmes pas un seul habitant : c'est l'usage des Turcs de se rendre, pendant l'été, dans les montagnes voisines, pour y passer la belle saison; toutes les maisons étaient fermées. Nous fûmes contraints de souper de quelques feuilles de betteraves bouillies, le seul mets que nous apporta un pauvre Turc resté dans le village. Mais, forcé de coucher en plein champ, je dus à une pluie abondante qui tomba pendant la nuit les accès de fièvre qui ne me quittèrent plus pendant tout mon voyage. »

Forcé de passer bien des choses, dans ce résumé, nous laissons toutes les circonstances pénibles de ce retour, et nous nous transportons tout d'un coup à Constantinople, à la fin de janvier 1835, où M. Texier nous fait assister à l'espèce de Longchamps des dames turques. Les circonstances présentes donnent à ces observations un caractère qu'elles ne pouvaient avoir dans les récits des voyageurs anciens.

« Voyez-vous, aujourd'hui, écrit le nôtre à M. Dureau de la Malle, les Turcs en houppelande et en badine, assis sur des chaises, sur la place d'Eski-Seraï, pour voir passer les dames turques qui font en *arabas* leur promenade du ramazan ? Il me semble voir la nouvelle Turquie, assistant au cortége funèbre de l'ancienne. En effet, les *arabas* ou voitures des dames sont encore tout-à-fait dans l'ancien style, riche et élégant.

» La caisse représente ordinairement deux monstres marins dont les queues s'enroulent ; tout le fond est parsemé de fleurs et de rosaces dorées, azurées, gaies et papillottantes. Souvent un long tapis jeté sur des cerceaux est le seul abri qui couvre le groupe des promeneuses. Mollement étendues sur des coussins de duvet, elles laissent négligemment leur *fé-*

*retgé* glisser le long de leurs épaules ; leur œil noir lutte d'éclat avec une fleur en diamant, placée sur la tempe, et qu'on a bien soin de laisser voir en entr'ouvrant le voile. Leur tête n'est couverte que d'une mousseline légère et transparente, sous laquelle on voit leurs cheveux flottant en longues tresses tissées de fils d'or. C'est là le dernier écho de ce peuple qui fut si pittoresque, et qui met aujourd'hui tout son soin à oublier ce qu'il fut. »

Dans ce dernier séjour à Constantinople, M. Texier a vu enfin sa conduite pleine de persévérance et d'habileté couronner un de ses plus vifs désirs, l'entrée dans Sainte-Sophie : faveur qu'il a même eu le plaisir de faire partager aux principaux Européens, comme lui, habitants de Péra. On aime à voir, dans cette vie lointaine, sur des bords étrangers, les rapports qui s'établissent, d'une manière honorable pour tous, entre un simple particulier qui s'est fait connaître par ce qu'on pourrait appeler des exploits scientifiques et les sommités sociales des ambassadeurs, qui rivalisent de courtoisie et d'urbanité dans la simplicité bienveillante de leurs relations journalières.

Voilà comme, en mêlant aux agréments de la bonne compagnie l'étude et le dessin de l'architecture bysantine et la conversation des Turcs, dont la langue lui est devenue familière, M. Texier a traversé la saison rigoureuse, et est arrivé au moment où *la Mésange* a enfin mis à la voile *.

* En 1835, la goëlette *la Mésange*, mise par le ministre de la marine à la disposition de M. Texier, lui a servi à commencer l'exploration des côtes, qu'il a continuée en 1836 avec un autre bâtiment de l'état, le brick *le Dupetit-Thouars*. Il l'a laissé à Tarsous, pour exécuter le trajet de l'Asie-Mineure dans toute sa largeur, en se dirigeant, par le Kurdistan, vers Trébizonde, où il est arrivé le 9 août, et d'où il est revenu à Constantinople par la Mer Noire sur un bateau à vapeur. Ces deux dernières années de son exploration n'ont pas été moins fertiles en découvertes singulières et inattendues que la première année dont nous avons essayé d'offrir une idée comme faible avant-goût de l'ouvrage important auquel ce voyage scientifique donnera lieu.

# RECHERCHES

SUR

## L'HISTOIRE DE LA PARTIE DE L'AFRIQUE

SEPTENTRIONALE,

CONNUE SOUS LE NOM

# DE RÉGENCE D'ALGER,

ET

SUR L'ADMINISTRATION ET LA COLONISATION DE CE PAYS
A L'ÉPOQUE DE LA DOMINATION ROMAINE ;

PAR UNE COMMISSION DE L'ACADÉMIE ROYALE DES INSCRIPTIONS
ET BELLES-LETTRES [*].

---

Il y a d'heureux rapprochements dans l'histoire et dans les dénominations qu'elle impose à la géographie. Cette réflexion sera venue à tous ceux qui, pour suivre les détails de notre

[*] Publiées par ordre du ministre de la guerre. — Tome I.

glorieuse expédition de Mascara, auront consulté la belle *carte comparée des régences d'Alger et de Tunis*, dressée par M. le colonel Lapie, et où les noms anciens ont été revus par M. Hase, comme les noms arabes par M. Amédée Jaubert. Sur cette carte, exécutée en 1829, on est agréablement surpris de lire au-dessous du nom de Mascara le nom romain de *Victoria*. Notre armée a donc fait là de l'érudition à sa manière, c'est-à-dire avec de la gloire; et, s'il était resté encore quelque doute sur la fixation de cette position, nos soldats y ont coupé court en réimposant à Mascara son nom victorieux.

Du reste, cette partie de l'Afrique septentrionale est une de celles qui offrent le moins de traces de l'antiquité, et le travail que nous annonçons n'a pu y faire d'études *rétrospectives*, comme à plusieurs autres points du même littoral. Cela tient au peu de profondeur du pays cultivable dans cette partie.

Quand on s'est avancé du port de Mostaganem jusqu'à Mascara, on a fait plus de la moitié du chemin pour parvenir au désert qui s'étend dans le vaste espace compris entre les deux chaînes parallèles de l'Atlas ; et au-delà de la chaîne méridionale est le grand désert de Sahara. Ainsi le pays cultivable ne présente guère qu'une vingtaine de lieues de profondeur. On n'y retrouve qu'une voie romaine dans le sens du littoral ; tandis que, du côté de la province de Constantine, et surtout de la régence de Tunis, les voies romaines s'échelonnent dans ce même sens jusqu'au nombre de huit. Ces dernières contrées sont d'ailleurs plus voisines de l'Italie, et renferment le territoire de Carthage, dont la conquête ouvrit l'Afrique aux Romains. Par une suite de persévérantes conquêtes, ils avaient fini par établir leur domination en Afrique, sur toute la ligne immense qui aboutit d'un côté à l'Abyssinie, et, de l'autre, aux colonnes d'Hercule.

Le travail demandé par le ministre de la guerre à l'Académie des Inscriptions et Belles-Lettres n'embrasse ni l'Égypte, ni même toutes les côtes septentrionales de l'Afrique, mais seulement la partie de ce littoral connue sous le nom de régence d'Alger. Cette possession française répond à une portion de l'ancienne Mauritanie. A l'est d'Alger commence la Numidie.

Le reste de la Numidie répond à la régence de Tunis, qui embrasse ensuite toute la province romaine connue sous le nom d'Afrique propre ; puis, en descendant au sud dans la régence de Tripoli, on retrouve l'ancienne Byzacène. A l'ouest d'Alger s'étend toute la Mauritanie Césarienne, suivie de la Mauritanie Tingitane, sur le territoire de laquelle commence l'empire de Maroc.

Cette comparaison sommaire des principales divisions romaines aux divisions actuelles est nécessaire pour faire comprendre le plan de ces recherches de l'Académie ; mais il faut expliquer comment elle a entrepris ce travail.

Chez les Romains, point d'expédition soudaine qui ne concourût à leurs traditions d'une domination universelle, et qui ne fît faire un pas à son exécution. Pour nous, au contraire, une longue paix, succédant à l'ivresse des victoires, nous a tellement imbus des idées de modération, que nous avons été tout surpris d'avoir conquis quelque chose.

La mémorable expédition d'Alger a été le véritable triomphe de la civilisation sur la barbarie ; tout s'est passé comme les savantes combinaisons de l'art de la guerre l'avaient prévu, même en dépit des éléments ; et le résultat immédiat a été l'extinction de la piraterie, fléau si ancien et si souvent combattu en vain, qu'il paraissait indestructible.

L'élan avait été si rapide, la répression avait suivi de si près l'injure, qu'en se voyant à Alger on s'est regardé d'un air étonné, on s'est demandé ce qu'on allait en faire. Quelques *industriels* ont porté là leurs vues mesquines de spéculations, et, n'en trouvant point d'assez prochaines, se sont hautement déclarés pour l'abandon. Sans vouloir chercher à examiner, dans un article littéraire, quelles ont pu être les intentions du gouvernement, on peut supposer qu'il éprouva d'abord une incertitude bien naturelle en recueillant, à son avénement subit, cette portion si neuve de l'héritage du pouvoir renversé. Une telle incertitude dut augmenter encore les tâtonnements de l'expérience à acquérir, d'obstacles inconnus à combattre. Mais des projets d'une installation durable, toute au profit de la véritable civilisation, dominèrent sans doute dans les meilleures têtes toute autre considération. De nobles vues d'avenir prirent leur point sur ce théâtre si restreint de notre récente conquête; et, pour guider des pas encore mal assurés, on demanda avec gravité des lumières à l'histoire.

Tel fut l'objet de la lettre que M. le maréchal duc de Dalmatie adressa, le 18 novembre 1833, à M. le baron Silvestre de Sacy, secrétaire perpétuel de l'Académie des Inscriptions.

« L'occupation de la régence d'Alger par les troupes françaises, y est-il dit, qui a rendu la sécurité au commerce de la Méditerranée et ouvert des voies nouvelles à la civilisation européenne, ne doit pas rester sans résultats pour la science, et, de son côté, la science elle-même peut concourir à cette œuvre de civilisation qui commence en Afrique sous la protection de nos armes. Quelques personnes qui s'occupent avec une attention éclairée des affaires d'Alger m'ont signalé et j'ai senti moi-même les avantages que, sous ce double rapport, pourraient offrir une bonne géographie de la Mauritanie, sous la civilisation antique, et une histoire de la colonisation des Romains dans cette contrée, des institutions qu'ils y avaient fondées, des rapports qui s'étaient établis entre eux et les indigènes... Ces recherches ne me paraissent pouvoir être fructueusement faites que par l'Académie des Inscriptions et Belles-Lettres. Leur étendue et leur portée les rendent dignes de toute son attention. »

Pour répondre à ce noble appel, l'Académie nomma aussitôt une commission provisoire, qui ne tarda pas à lui présenter, par l'organe de M. Walckenaer, le programme de l'ouvrage demandé. Ce rapport fut envoyé au ministre, et une commission définitive, composée de MM. Walckenaer, Hase et Dureau de la Malle, fut nommée en février 1834. M. Dureau de la Malle, que sa belle monographie historique sur la *Topographie de Carthage* indiquait naturellement pour rédiger la partie géographique du travail, est l'auteur du volume consacré à cette partie, et qui ouvre la série des recherches entreprises par l'Académie. Ces recherches ont même pris une extension nouvelle, d'après l'invitation du successeur de M. le maréchal Soult, le feu duc de Trévise, qui, sur les observations de M. Dureau de la Malle, écrivit à M. le baron Silvestre de Sacy : « En demandant à l'Académie de vouloir bien s'occuper des recherches historiques propres à faire connaître l'état de l'Afrique sous la domination des Romains, mon prédécesseur n'avait nullement entendu limiter à cette période seule les investigations auxquelles elle jugerait convenable de se livrer, et n'avait pas perdu de vue de quelle importance il était, à la fois pour la science et l'administration, de bien connaître également tout ce qui se rapporte à l'établissement des Arabes en Afrique et des Turcs sur les côtes d'Alger.

» J'apprécie, comme M. le duc de Dalmatie, tous les avantages que, dans ce double intérêt, le gouvernement ne manquerait pas de retirer de semblables recherches, et je verrais avec une véritable reconnaissance que l'Académie ne se refusât pas à étendre jusque là le cercle de ses explorations. »

Par suite de cette lettre, l'Académie adjoignit à la commission MM. Étienne Quatremère et Amédée Jaubert, qui ont été chargés des travaux relatifs à l'établissement des Arabes et des Turcs dans la partie septentrionale de l'Afrique.

L'Académie des Inscriptions et Belles-Lettres,

dont les importantes études, chaque jour mieux appréciées, reçoivent, dans cette circonstance, l'utilité d'une application immédiate, ne néglige rien pour répondre, d'une manière digne d'elle, aux demandes des deux illustres maréchaux. Elle a ouvert, à ce sujet, une correspondance avec toute l'Europe savante ; et plusieurs portions de son vaste et consciencieux travail sont déjà fort avancées. Ce premier volume aurait pu paraître plus tôt, si, pour l'intelligence de la discussion géographique à laquelle s'est livré l'auteur, il n'eût fallu le secours d'une carte spéciale et détaillée. « M. le colonel Lapie était chargé par le gouvernement de la rédiger sur une grande échelle, en y ajoutant tous les documents nouveaux que le dépôt de la guerre a reçus pendant ces dernières années. La base la plus importante était le relèvement des côtes, depuis les frontières de Maroc jusqu'à celles de Tunis, exécuté par le lieutenant Bérard. Ce beau travail n'a pu être terminé et remis au colonel Lapie qu'en 1835. »

Les circonscriptions des états modernes ne pouvaient servir de divisions à un travail relatif à l'antiquité : aussi l'Académie, tout en donnant pour objet principal à ses recherches la contrée qui répond aux régences de Tunis et d'Alger, a étendu ses observations géographiques sur toutes les possessions des Romains dans le nord de l'Afrique, de même qu'elle a embrassé, dans ses recherches historiques, tout l'espace de temps compris entre la chute de Carthage, près de deux siècles avant notre ère, jusqu'à la prise de la même ville par Hassan, en 697 : car la période de la domination romaine en Afrique s'étend depuis la destruction de la Carthage punique par les Romains jusqu'à celle de la Carthage romaine par les Arabes, et comprend ainsi près de huit siècles, dont les deux premiers et la moitié du troisième sont employés à la propagation lente et successive de cette domination.

« On s'étonne, dit M. Dureau de la Malle, qu'en quatre années on n'ait pas soumis, organisé, assaini, cultivé toute la régence d'Alger, et l'on oublie que Rome a employé deux cent quarante ans pour la réduire tout entière à l'état de province sujette et tributaire ; on oublie que cette manière lente de conquérir fut la plus solide base de la durée de sa puissance.

Cette impétuosité française, si terrible dans les batailles, si propre à envahir des royaumes, deviendrait-elle un péril et un obstacle quand il s'agit de garder la conquête et d'achever lentement l'œuvre pénible de la civilisation ? »

L'introduction de ce volume expose à grands traits les principaux événements qui amenèrent successivement toute l'Afrique septentrionale au pouvoir des Romains, et ceux qui la leur enlevèrent. L'exposé géographique qui vient après est l'objet spécial du volume. L'auteur y dépouille de tous leurs renseignements géographiques les récits des expéditions dont le nord de l'Afrique a été le théâtre pendant la vaste période que nous avons indiquée. Laissant de côté l'ordre chronologique, il parcourt ces contrées de l'ouest à l'est. Ainsi la première section, consacrée aux Mauritanies, traite des guerres contre Tacfarinas et de l'expédition de Théodose contre Firmus, dans la seconde moitié du quatrième siècle ; M. Dureau de la Malle dit en terminant cette section : « Le siége principal des guerres de Théodose contre Firmus, de Camille et de Dolabella contre Tacfarinas est dans le Jurjura et à l'entour d'Auzia, le fort Hamza, nommé par les Arabes *Sour Gazhlan*. Or ces cantons ne sont pas éloignés d'Alger de plus de vingt lieues. Si la paix subsiste entre nous et les tribus de ces contrées, ce seront les premiers points où nos officiers d'état-major devront diriger leurs explorations. »

La seconde section a rapport à la Numidie. Le premier chapitre traite des guerres de Sittius contre Juba, un demi-siècle avant notre ère; le second, de la guerre de Scipion contre Annibal, deux siècles environ avant la même époque; le troisième, des guerres de Métellus et de Marius contre Jugurtha en Gétulie, guerres qui, dans l'ordre chronologique, se placent entre les deux précédentes. Celle de Bélisaire contre les Vandales, en 533, qui a pour théâtre la Byzacène, forme le quatrième chapitre; le cinquième est consacré aux expéditions que dirigea dans le même pays Salomon, successeur de Bélisaire.

C'est ainsi que, l'histoire à la main, et dans une main savamment exercée à ces difficiles recherches, M. Dureau de la Malle passe en revue toutes les possessions romaines du nord de l'Afrique, depuis Tanger jusqu'à Cyrène.

Ces doctes développements ne sont pas de nature à être analysés, mais ils offrent une mine féconde, dont l'auteur dit avec modestie : « Le but véritablement utile d'un travail tel que le nôtre sera obtenu bien moins encore par ce que nous ferons que par ce que nous engagerons les autres à faire. »

L'Académie fera succéder dans les volumes suivants le tableau complet des colonies, la description du système administratif et judiciaire, la transformation des habitudes nomades en habitudes agricoles. Tel sera l'ensemble de la partie de ce grand travail qui traite de la colonisation romaine. Viendra ensuite la partie, non moins complète, de l'occupation arabe.

« Que l'expérience des siècles passés nous guide et nous instruise, dit M. Dureau de la Malle ; que la France, que la grande nation, dans la conquête d'Alger, ne se laisse pas décourager si vite ; que cette devise : *perseverando vincit*, qui résume tout le prodige de la puissance de Rome et de l'Angleterre, soit inscrite sur nos drapeaux, sur nos édifices publics, dans la colonie africaine.

» Cette épigraphe serait à la fois un souvenir, un exemple et une leçon. »

# EXAMEN CRITIQUE

DE

# L'HISTOIRE DE LA GÉOGRAPHIE

## DU NOUVEAU CONTINENT

ET DES PROGRÈS DE L'ASTRONOMIE NAUTIQUE AUX QUINZIÈME
ET SEIZIÈME SIÈCLES,

Par Alexandre de HUMBOLDT.

---

Il est beau de voir le studieux repos d'une vie dont l'énergique et infatigable activité s'est vouée à ce qu'il y a de plus rude et de plus glorieux dans l'apostolat de la science. Il est beau de voir l'intrépide voyageur, pour qui les hauteurs prodigieuses du Pérou n'ont pas eu de pics inaccessibles, et qui, trente ans plus tard, a porté la même ardeur d'investigation à l'extrémité des steppes de l'Asie boréale, s'entourer, dans ses nobles loisirs, de toutes les ressources de l'érudition pour examiner les causes qui ont préparé et amené la découverte du nouveau monde. Cet hémisphère, auquel M. de Humboldt a consacré tant de vastes travaux, et qui lui a rendu tant de pure célébrité, semblait attendre de lui son histoire. Mais les entreprises générales dans lesquelles s'aventure l'inexpérience d'un talent présomptueux sont jugées différemment par une vie toute remplie de science et d'action. Embrassant l'étendue d'un immense sujet, elle reconnaît, d'un œil sûr, si le temps est venu d'en exposer l'ensemble ; et quand tout ce qui reste à explorer ne lui montre cette entreprise que dans un avenir lointain, elle préfère en approfondir quelques points principaux, qui, traités ainsi, deviennent les bases les plus solides de l'histoire.

Pour un esprit aussi élevé l'étude du passé augmente d'intérêt en proportion même de ses importants travaux. C'est à un tel homme que se révèlent dans toute leur grandeur ces génies entreprenants qui ont ouvert la route où il s'est illustré. A chaque succès qu'y recueillent sa science et son courage, il se reporte avec une admiration mieux sentie vers ses glorieux devanciers. Nous ne pouvons nous refuser à citer ce que le noble voyageur dit lui-même de la prédilection avec laquelle il s'est livré, pendant trente ans, aux recherches historiques dont il publie aujourd'hui un extrait si substantiel.

« Ayant visité, dans le cours de mes premiers voyages, la partie méridionale de l'île de Cuba, les extrémités orientale et occidentale de la Terre-Ferme, et ces côtes de Guayaquil et de la Punà, célèbres dans l'histoire des premières découvertes, j'ai trouvé un charme particulier à la lecture des ouvrages qui renferment les récits des *conquistadores*. Des investigations faites dans quelques archives en Amérique et dans les bibliothèques de différentes parties de l'Europe, m'ont facilité l'étude d'une branche négligée de la littérature espagnole. Je me flattais de l'espoir qu'un long séjour dans les régions les moins visitées du nouveau monde, la connaissance locale du climat, des sites et des mœurs, l'habitude de déterminer la position astronomique des lieux, de tracer le cours des rivières et des chaînes de montagnes ; enfin le soin le plus minutieux de recueillir les différentes dénominations que, dans la merveilleuse variété de leurs idiomes, les indigènes donnent aux mêmes points, me feraient connaître dans les récits des premiers voyageurs certaines combinaisons de faits qui devaient avoir échappé à la sagacité des géographes et des historiens modernes de l'Amérique. Cet espoir a soutenu mon courage. Car, en remontant aux sources, il a fallu étudier des livres dont les uns sont caractérisés par la candeur du vieux langage et une admirable exactitude de description, les autres, par une prolixité emphatique et ce goût d'une fausse érudition propre aux écrivains monastiques. Je ne me bornais pas aux recherches sur la géographie de l'Amérique et sur l'histoire primitive des peuples, éclairée par l'étude des peintures antiques ou des traditions et des mythes du Pérou, des Andes de Quito et de Cundinamarca ; j'étendais mon travail à la cosmographie du quinzième siècle. »

Que de grandes vues renferme ce sujet : la cosmographie du quinzième siècle ! De combien d'érudition il est susceptible, pour y faire la part des génies créateurs et celle des traditions successives qui rattachent cette époque à l'antiquité par l'intermédiaire du moyen âge !

Car « à toutes les époques de la vie des peuples, dit M. de Humboldt, ce qui tient au progrès de la raison, au perfectionnement de l'intelligence, a ses racines dans les siècles antérieurs; et cette division des âges, consacrée par les historiens modernes, tend à séparer ce qui est lié par un enchaînement mutuel. Souvent, au milieu d'une inertie apparente, de grandes idées ont germé dans quelques esprits supérieurs; et dans le cours d'un développement intellectuel non interrompu, mais limité, pour ainsi dire, dans un petit espace, de mémorables découvertes ont été dues à des impulsions lointaines et presque inaperçues. »

Pour constater ces impulsions, toutes les ressources de la critique sont mises en œuvre avec un raffinement d'érudition, s'il est permis de s'exprimer ainsi, qu'on ne peut s'empêcher d'admirer dans un génie aussi vif et aussi entreprenant. Les plus curieuses recherches sur les textes des anciens géographes, les aperçus ingénieux que la philologie sait faire tourner au profit de l'histoire, M. Alexandre de Humboldt s'en empare et les discute en philologue consommé, tel qu'était son savant frère. Ce livre, qui, par là, rappelle l'Allemagne, est écrit en français comme ses aînés, et nous prouve ainsi que l'auteur n'oublie pas ses anciens hôtes, et qu'il cherche à nous consoler de son absence, en nous faisant profiter encore directement de cette nouvelle et si remarquable production.

Cet *examen critique* est divisé, ainsi que la préface l'annonce, en quatre sections, dont ces deux volumes nous offrent seulement la première. Ici domine l'imposante figure de Christophe Colomb, qui sans doute ne pouvait être rendue avec plus de détails et de vérité. Les notions neuves et curieuses qui viennent l'éclairer de tous les côtés sont tirées d'une suite de publications espagnoles qui ont paru depuis 1825, et sur lesquelles l'auteur a jeté un coup-d'œil si fécond, qu'après en avoir tiré les trésors historiques de cet *examen critique*, il dit encore : « Comparés entre eux et aux premiers récits des *conquistadores*, étudiés par des personnes qui possèdent une connaissance locale des sites du nouveau monde et qui se sont imbues de l'esprit du siècle de Christophe Colomb et de Léon X, ces matériaux historiques pourront progressivement, et pendant long-temps encore, conduire à des résultats précieux sur la suite des découvertes et l'ancien état de l'Amérique. » Paroles à citer dans un temps où, trop souvent, dès qu'on a touché un sujet, on prétend l'avoir épuisé.

Ces documents espagnols ont été une source plus féconde encore que les textes de l'antiquité. Car, dans le double examen des *causes qui ont* PRÉPARÉ *et* AMENÉ *la découverte du nouveau monde,* ces documents s'appliquent au second point de la question, beaucoup plus précis et plus susceptible de s'appuyer sur la preuve des faits ; or nous sommes ici dans le respect des faits, leur indication est formellement déclarée indispensable pour faire juger le lecteur du degré de confiance que méritent les résultats obtenus. Mais cette exactitude ne suffit pas, si l'on n'y joint le soin de recueillir tous les faits, pour ne pas donner prise à la critique par une énumération incomplète.

L'illustre auteur a prouvé son respect pour la science par l'attention scrupuleuse qu'il a apportée dans ces deux conditions de la tâche qu'il s'est imposée. Non seulement sa manière de citer peut passer pour un modèle de précision ; mais l'immense quantité de matériaux qu'il a mis en œuvre, jointe à sa connaissance approfondie des deux littératures classiques, de la littérature espagnole et de la bibliographie géographique, proclament un ouvrage aussi complet que le permet sans doute le degré de perfection qu'il est donné à l'homme d'atteindre.

Les deux volumes de cette première section, écrits tout d'une haleine, ne sont point séparés par des divisions qui indiquent à l'œil le plan de l'ouvrage. L'analyse en est peut-être plus laborieuse. Comme nous l'avons dit, nous avons dû distinguer, d'après le titre, les causes qui ont *préparé* de celles qui ont *amené* la découverte de l'Amérique. Aux premières se rapporte toute la discussion relative à l'antiquité ; aux secondes, tout ce qui concerne les célèbres navigateurs du quinzième siècle. Ce qui a empêché d'introduire dans l'ouvrage une division aussi tranchée, c'est que l'ignorance et la mauvaise foi avaient porté une singulière confusion dans ces deux ordres de matériaux ; et il fallait, pour bien établir les faits, discuter et éclaircir tout ce qui y jetait cette confusion. Ce n'était pas la partie la moins difficile de la tâche de M. de Humboldt, qui dit des grandes conceptions par lesquelles l'esprit humain tente de se frayer une route nouvelle : « On nie d'abord la découverte même ou la justesse de la conception; plus tard on nie leur importance, enfin leur nouveauté. Ce sont trois degrés d'un doute qui adoucit, du moins pour quelque temps, les chagrins causés par l'envie : c'est une habitude dont le motif est le plus souvent moins philosophique que la discussion qu'elle fait naître, une habitude qui date de plus loin que la fondation de cette académie d'Italie, qui doutait de tout, excepté de ses propres arrêts. »

Or les doutes à faire cesser ici sont au nombre des idées qui réussissent le mieux près de la médiocrité présomptueuse. Un paradoxe revêtu de ce caractère de dénigrement a toujours plus de chances de se voir accueillir que la vérité. Force est donc à celle-ci de se présenter invulnérable, pour obtenir un triomphe complet, même chez ceux qui ne se soumettent à elle que terrassés par l'évidence.

Les diverses manières dont les prévisions plus ou moins vagues de l'antiquité avaient été alléguées au sujet de la découverte de Colomb, pour le rabaisser ou pour l'exalter, sont nécessairement examinées en même temps que ces prévisions elles-mêmes. Puis l'auteur, après avoir apprécié ce qu'il y a de légitime dans ces prétentions diverses, reprend un à un chacun de ces anciens textes, pour constater ce qu'il contient réellement en fait de prédiction. Là se trouvent passés en revue, par une critique à laquelle ne sont étrangers aucun des travaux de la philologie moderne, trois passages d'Aristote dans ses traités *du Monde, du Ciel*, et dans ses *Météorologiques*, un autre de la compilation attribuée au même philosophe, sous le titre de *Récits merveilleux;* deux endroits de la *Géographie* de Strabon ; un aperçu de Sénèque le philosophe, et la célèbre strophe du chœur de la *Médée* de Sénèque le tragique, les passages de Macrobe, du prophète Esdras et de Plutarque, dans son traité *De la face qui paraît à l'orbe de la lune.*

Le quinzième siècle, habitué à voir dans l'antiquité la source de toutes les connaissances, voulait trouver dans ces divers passages l'indication formelle du nouvel hémisphère. Leur examen est précédé ici d'une vue d'ensemble, où sont groupées à l'entour de hautes vues philosophiques toutes les moindres traces que l'antiquité a pu nous laisser sur la croyance à l'existence d'un autre continent. L'auteur pense pouvoir placer cette croyance parmi les plus antiques opinions helléniques. Quant à un témoignage direct, le premier est ce que dit Platon sur l'Atlantide de Solon.

« Le mythe de l'Atlantide ou d'un grand continent occidental, lors même qu'on ne le croirait pas importé d'Égypte et qu'on le croirait purement dû au génie poétique de Solon, date pour le moins du sixième siècle avant notre ère. Lorsque l'hypothèse de la sphéricité de la terre, sortie de l'école des pythagoriciens, parvint à se répandre et à pénétrer dans les esprits, les discussions sur les zones habitables et la probabilité de l'existence d'autres terres dont le climat était égal au nôtre sous des parallèles hétéronymes et dans des saisons opposées, devinrent la matière d'un chapitre qui ne pouvait manquer dans aucun traité de cosmographie. »

De tous les passages où cette idée se trouve

formulée d'une manière plus précise, aucun ne présente plus le caractère de prédiction que celui de Strabon. Il ne paraît pas que Colomb en ait eu connaissance. On sait que son principal motif était le prolongement démesuré de la latitude des Indes, auquel il croyait d'après Ptolémée; en sorte qu'il s'attendait à trouver l'extrémité orientale de l'Inde, en arrivant par l'Occident, à peu près à la place où il trouva l'Amérique. C'est ce qui a fait dire avec esprit à d'Anville, comme le remarque M. de Humboldt, que « la plus grande des erreurs, dans la géographie de Ptolémée, a conduit les hommes à la plus grande découverte de terres nouvelles. »

Mais Christophe Colomb lui-même, son fils, leurs amis et leurs ennemis jetèrent beaucoup de confusion sur les éléments prophétiques, si l'on peut ainsi parler, dont l'*amiral* avait subi l'influence. Ce grand homme se montre enfin tel qu'il est, dans ce livre, où les notions les plus authentiques à son égard sont élaborées par une plume digne de l'apprécier. Une parfaite indépendance de jugement jointe à une prédilection marquée pour l'illustre amiral, le présente sous toutes ses faces et lui restitue son originalité grandiose.

« Tout ce qui ne paraît tenir qu'au cercle étroit des intérêts matériels de la vie s'élève dans l'ame ardente de cet homme extraordinaire à une sphère plus noble, à un spiritualisme mystérieux. Selon lui, la conquête de l'Inde, nouvellement découverte, ne doit avoir de l'importance qu'autant qu'elle accomplit d'anciennes prophéties et qu'elle conduit, par les trésors qu'elle donne, à la conquête du tombeau du Christ. » Il faudrait pouvoir citer tout entier l'admirable portrait de cet homme « reflétant pour ainsi dire en lui tout ce que le moyen âge a produit de sublime et de bizarre à la fois. »

Des rapprochements divers établis ici au sujet du célèbre Génois, il résulte que l'erreur de Ptolémée est loin d'être la seule cause à laquelle il faille attribuer sa grande entreprise, due à un ensemble d'inspirations reçues pendant de longues années, et tenant à sa position, à ses goûts, aux circonstances de sa vie. Ici l'épisode si animé du vieux Paolo Toscanelli, aux opiniâtres instigations duquel est due sans doute la persévérance de Colomb. Ici se présente aussi naturellement la question de la part que peut revendiquer le hasard, et qui semble s'augmenter par la coïncidence remarquable de la découverte fortuite du Brésil. C'est ce qui a fait dire à Robertson qu'il était dans les destinées du genre humain que le nouveau continent fût découvert à la fin du quinzième siècle. Si, au sujet de ces courants qui entraînèrent Cabral des côtes de l'Afrique à celles du Brésil, dont il fit ainsi la découverte, on substitue le *hasard* au *destin* de Robertson (mots dont la présence dans les langues suffit à témoigner de l'impuissance de l'esprit humain), l'on se demandera s'il ne tint pas à des circonstances du même genre que ni Cabral ni Colomb n'abordassent au Nouveau-Monde. Que de circonstances, en effet, pouvaient empêcher l'entreprise de Colomb d'arriver à bonne fin! Une note de M. de Humboldt fait mention d'une circonstance de ce genre bien remarquable.

« M. Navarette pense, dit-il, que du 19 au 22 septembre 1492, époque à laquelle l'amiral crut apercevoir tant de signes de terre, il approchait des brisans que des navigateurs espagnols assurent avoir découverts sur le grand banc de fucus (goémon flottant), l'an 1802... Dans la nuit du 21 septembre, Colomb n'aurait été qu'à quatre milles marins au nord-est de ce danger, qui aurait pu retarder la découverte du Nouveau-Monde jusqu'au 22 avril 1500, jour où Pedro Alvarez Cabral, dans son voyage de l'Inde, fut jeté par les courants sur les côtes du Brésil. »

Mais, en changeant, un instant, ces deux circonstances fortuites, c'est-à-dire en supposant que Colomb ait été victime des brisans et que Cabral n'ait pas été jeté sur les côtes du Brésil, d'autres circonstances auraient-elles rendu à peu près nécessaire la découverte du Nouveau-Monde? M. de Humboldt le démontre d'abord aussi bien que peut se démontrer une hypothèse d'intervertissement dans l'irrévocable passé. Puis, des conjectures de cette démonstration, il passe naturellement à examiner les traces qui subsistent encore des relations antérieures à Christophe Colomb entre les deux continents. Un vaste édifice historique s'élève déjà de plusieurs côtés sur ces antiquités américaines, unies à celles de l'Asie orientale et de la Scandinavie. La dernière partie de l'*Examen critique* nous fait assister à l'élaboration de cette grande page de l'histoire du genre humain, en nous signalant depuis les premiers aperçus qui entrevirent ces faits jusqu'aux ouvrages où ils sont déjà exposés en partie d'une manière précise, jusqu'à ceux même où se prépare la suite de ces recherches. Car leurs auteurs s'honorent trop des relations qui les rapprochent du grand voyageur pour ne pas lui donner avec empressement communication de leur plan et de leurs travaux.

Indiquant à grands traits les résultats principaux de ce que l'auteur des *Monuments des peuples indigènes de l'Amérique* peut regarder comme son école, il établit l'absence de traces historiques d'une communication entre les deux rives du détroit de Behering, distantes seulement de dix-sept lieues marines et demie, point le plus rapproché des deux continents, ou bien par la longue chaîne arquée des îles Aléoutiennes, qui joint presque la péninsule orientale asiatique du Kamtchatka à la pointe occidentale de la péninsule américaine d'Alaska. Pour ce qu'il y a de probable dans cette double communication, il faut se borner, en l'absence de preuves, à cette réflexion générale émise un peu plus loin : « Peut-être les diverses familles du genre humain ont-elles seulement renoué des liens qui avaient déjà subsisté dans des temps antérieurs à toute réminiscence historique. »

Quant à d'anciennes relations qui aient importé dans une partie de l'Amérique méridionale l'influence de la civilisation asiatique, elles paraissent indubitables par la comparaison des monuments, des divisions du temps, des cosmogonies et de plusieurs mythes du Mexique, du Guatimala, et du Pérou. « Ces analogies frappantes, avec les idées de l'Asie orientale, annoncent d'anciennes communications, et ne sont pas le simple résultat d'une identité de position dans laquelle se trouvent les peuples à l'aurore de la civilisation. »

Par quelles voies? L'auteur avoue l'obscurité qui entoure encore cette question. Il pense que si la solution peut en être un jour espérée par l'histoire, elle sera trouvée dans l'Amérique espagnole; comme c'est en Danemarck et en Norwége, par l'étude des anciennes sagas, qu'ont été vérifiées d'une manière certaine les communications des anciens Scandinaves avec le Groenland.

Ici nous sortons entièrement du champ des conjectures, de la recherche des analogies, de l'examen des probabilités, et nous entrons dans la voie directe de l'histoire avec son cortége de noms, de dates, d'événements principaux. Dans la seconde moitié du dixième siècle, Éric Rauda passe de l'Islande au Groenland. Son fils, Leif Éricson étend ses découvertes au commencement du siècle suivant, en 1001 ou 1005. Il passe même sur le véritable continent américain, et la côte où il aborde reçoit le nom de Vinland, de l'explication œnologique donnée à ces Normands, à la vue du raisin, par l'Allemand Turker qui les accompagnait. Cette vague dénomination de Vinland paraît s'être appliquée à la côte qui s'étend de New-York à Terre-Neuve, pays où croissent en effet cinq espèces de *vitis*. La principale station qu'y firent ces navigateurs intrépides paraît avoir été alors à l'embouchure de Saint-Laurent.

« Le dernier voyage, dont une tradition certaine s'est conservée, est celui de l'évêque groenlandais Éric, qui se rendit dans le Vinland pour y prêcher l'Évangile. Les établissements du Groenland occidental, très-florissants jusque dans la moitié du quatorzième siècle, furent ruinés progressivement par des monopoles destructeurs du commerce, par l'invasion des Esquimaux en 1349 ou 1379, par la peste noire qui ravagea le nord, de 1347 à 1351, et par l'attaque d'une flotte ennemie dont on ignore le point de départ. »

Il est bien remarquable que cette colonisation du Groenland, par les Normands, ait laissé des traces historiques jusqu'au commencement de ce quinzième siècle que Colomb devait terminer par l'éclatante découverte du *Nouveau Monde*. La série des évêques groenlandais va jusqu'à l'année 1406; et le pape Eugène IV en avait désigné encore un en 1433. Aussi un voyage que Colomb fit en Islande et aux îles Feroe, une vingtaine d'années avant son premier voyage aux Antilles, avait fait supposer à Malte-Brun, qu'il avait eu connaissance des anciennes communications de l'Islande avec le Groenland. On a même induit d'un passage d'une de ses lettres que lui-même avait touché cette terre lointaine et était déjà allé en Amérique sans s'en apercevoir. Mais M. de Humboldt réfute ces assertions.

Les notions sur la colonisation normande du Groenland sont dues aux recherches d'une érudition qui n'appartient pas encore au temps de Colomb, et elles ont précisément tiré leur intérêt de sa grande découverte. Le premier écrivain qui ait reconnu dans le Groenland des anciens Scandinaves une partie de l'Amérique est le géographe Ortélius, en 1570; et encore n'eut-il pas connaissance des excursions faites par ces hardis aventuriers sur le véritable continent américain. A plus forte raison, l'immortel Génois n'a-t-il pas eu connaissance du voyage des frères vénitiens Nicolo et Antonio Zeni, dans ces mêmes contrées, de 1388 à 1404, voyage dont notre auteur ne suspecte pas, avec quelques autres, l'authenticité, mais qui n'est pas arrivé à la publicité avant 1558.

Un instant d'examen est donné à la différence qu'aurait apportée, dans les destinées de l'Amérique, la colonisation de ce pays par les Normands, si, des côtes du Labrador, où ils paraissent avoir fait quelque établissement au onzième siècle, ils étaient descendus au midi dans les immenses régions que le nouveau continent ouvrait devant eux. A la rudesse barbare et toute belliqueuse de ces hommes du Nord, il oppose la pacifique prospérité dont jouirent pendant des siècles les côtes orientales de l'Amérique, la douce influence de cette théocratie des Incas, à l'origine mystérieuse, et dont le souvenir traditionnnel est encore resté si populaire parmi les Péruviens. Montrant l'intérêt de ces antiquités américaines, « je ne partage aucunement, dit-il, le mépris avec lequel ces traditions nationales ont trop souvent été traitées : j'ai, au contraire, la ferme persuasion qu'avec plus d'assiduité la découverte de faits entièrement inconnus aujourd'hui éclaircira beaucoup de ces problèmes historiques relatifs aux navigations du moyen-âge, aux analogies frappantes qu'offrent les traditions religieuses, les divisions du temps et les ouvrages de l'art en Amérique et dans l'est de l'Asie, aux migrations des peuples mexicains, à ces anciens centres de la civilisation d'Aztlan, de Quivira et de la Haute-Louisiane, comme des plateaux de Cundinamarca et du Pérou. »

Quant aux onze îles imaginaires, figurées dans le Grand-Océan sur toutes les cartes du moyen-âge, M. de Humboldt ne dédaigne pas d'examiner en détail chacune de ces fictions, pour y glaner encore le peu de vérités qui ont pu en être le fondement. Puis, les nombreux récits, faits à toutes les époques, d'ustensiles, d'arbres, de cadavres humains et même de barques remplies d'hommes vivants étranges, jetés par les courants sur les plages les plus lointaines, sont expliqués par de savantes notions de géographie physique sur la direction du grand fleuve pélasgique d'eau chaude, connu sous le nom de *Gulf-Stream*, et des autres grands courants.

De ces considérations résulte l'induction, si étrange au premier abord, qu'il s'agit probablement déjà des Esquimaux dans un célèbre fragment historique de Cornélius Népos, où il est parlé d'une barque chargée d'Indiens vivants, jetés sur les côtes de Germanie par la tempête et présentés à Métellus Céler par le roi des Suèves, du temps de Jules-César. Ce fait si extraordinaire devient naturel par l'analogie du fait non contesté de l'arrivée d'Esquimaux

aux îles Orcades. Car il ne s'agit point là d'événements où entre pour quelque chose le progrès des siècles, mais bien de ces grandes catastrophes naturelles, causées par la violence des courants et des tempêtes. Notre illustre auteur est ainsi amené à terminer en ces termes : « On agrandit la pensée en réunissant sous un point de vue général les preuves de ces communications lointaines, favorisées par le hasard; on voit comment les mouvements de l'Océan et de l'atmosphère ont pu, dès les époques les plus reculées, contribuer à répandre les différentes races d'hommes sur la surface du globe : on comprend, avec Colomb, comment un continent a pu se révéler à l'autre. »

# TABLE

## DU PREMIER VOLUME.

|  | Pages. |
|---|---|
| Dédicace à M. Boissonade. | v |
| Préambule. | 1 |

## I. PHILOLOGIE.

| | |
|---|---|
| Sur la direction actuelle de la critique. | 9 |
| Des travaux d'érudition. | 22 |
| Coup d'œil sur l'origine de l'écriture. | 33 |
| De l'une des plus anciennes encyclopédies écrites en français. | 56 |
| Sur le *Trésor de la langue grecque* de H. Estienne. | 72 |
| Sur trois ouvrages en grec moderne. | 88 |
| Nouveaux documents sur les manuscrits de Phèdre. | 101 |

## II. GÉOGRAPHIE.

| | |
|---|---|
| Sur la collection géographique à la Bibliothèque. | 135 |
| Compte rendu des *Recherches sur la topographie de Carthage*, par M. Dureau de la Malle. | 157 |
| Voyage de M. Camille Callier. | 170 |
| Voyage de M. Charles Texier. | 187 |
| Compte rendu des Recherches sur la colonisation de l'Afrique par les Romains. | 247 |
| Compte rendu de l'*Examen critique de la Géographie du Nouveau Continent*, par M. de Humboldt. | 260 |

www.ingramcontent.com/pod-product-compliance
Lightning Source LLC
Chambersburg PA
CBHW070737170426
43200CB00007B/562